人生就是學習
學習才是人生

自序 快樂是心靈最佳良藥

這本書是我從鄉下出發、十四歲離鄉打拼，靠著雙手在油漆工程界堅持打拼五十餘年的心路歷程，是我對過去的回顧與感恩。歲月沒有放慢腳步，而我也從當年的「回顧者」成為現在的「前行者」，我不僅走得更遠，也看得更深。

這幾十年人生旅程，我更確信一句話：「人生就是學習，學習才是人生。」這份領悟，不僅是生活的體驗累積，更是書名的起點。

人生下半場，面對的是健康與心靈的課題，「如何繼續活得有意義」是我不斷在思考的。我相信，快樂是心靈最佳的良藥，而學習則是讓快樂能持續的根基。這幾十年間，我持續投入公益、參與各大工商團體、熱衷跑步、經營企業，甚至走出舒適圈去挑戰海外馬拉松、重新學習 AI 等新知。我發現，身體雖然年年老去，只要願意保持好奇與行動，生命永遠有新的可能，心靈也在這些行動中變得更年輕、開闊、有彈性。

這些年來，我常思考：「人一生在追求什麼？」

年輕時追求生計、中年追求成就，我經歷了許多歡笑與成就，也遭遇了深刻的哀痛：雙親與敬愛的二哥與我最親近的弟媳婦，陸續地走完了人生的旅程。親人的離去讓我真切體會到「人生無常，孝要及時，情要珍惜。」失去教會我面對哀傷，也讓我更懂得珍惜當下，與親人多一些陪伴及互動，不留遺憾。現在的我，更懂得追求內心的平靜與身體的自在。

如果說當年我是在為家庭打拼，如今的我，是在為生命的厚度與他人的幸福努力。這讓我不再只為自己而活，而是想透過自身經歷，鼓勵更多人用正面思維面對人生、用歡樂的態度活出自我。

我始終相信，快樂是心靈最佳的良藥，而學習，則是讓快樂能長久的處方。透過學習能療癒挫折，也能點亮他人。因此，現在的我，仍然選擇用幽默、用故事、用行動來感染周遭的朋友，讓歡樂變成一種傳遞力量的方式。

「人生最怕的不是走得慢，而是停下來；最難的不

是失去，而是沒從中學到什麼。」因此，這次出版這本書，不只是記錄人生的足跡，更是一次自我整理與分享的契機。

我感謝許多朋友一路上的鼓勵與協助，也感謝生命中的每一位親人，讓我有機會整理一路走來的所見所感，用文字為自己的人生做註解。這不是成功的誇耀，而是誠實的分享――希望你翻開每一頁時，能成為一帖強心劑，不論你在人生的哪個階段，都能從中獲得力量，找到屬於你的學習節奏，甚至一個新的方向。

最後，我仍然堅信：「不論人生追求什麼，都要持續學習，持續行動。」

想到，做到，才能得到。願這本書成為你我之間的橋樑，讓我們一起走在學習、成長與愛的路上，也願你早日找到內心所追求的方向，我們都能以行動灌溉夢想，用學習點燃熱情，活出最真實及無悔人生。

祝福你，找到你心中所追求的理想與快樂！

蘇文和 謹識

目　　錄

前言　帶動有品格的良善社會風氣

第一章　樂於學習，造就「漆彩」人生
1－1 家庭生活.............................013
　　　親情，是人生最深的功課
　　　老天眷顧坐月子沒得補的母親
　　　父親揹我上山，比挑柴下山還辛苦
1－2 求學生活.............................029
　　　一個鞠躬，充滿了大學問
　　　發揮創意學英文
1－3 學徒生活.............................039
　　　離家踏入學徒的生涯
　　　認真工作的動力，來自榮耀失明的父親

第二章　從「黑白」兩道到滴色分子的創業甘苦談
2－1 創業的起心動念.......................053
　　　丟了一台機車，開啟創業的轉念
　　　合夥結束，連土地公都會選擇跟著我
　　　自行創業取名，飲水思源不忘本
2－2 建立穩固的基石.......................067
　　　石油危機成就了我的創業轉機
　　　古早的水井，啟發不削價競爭的生意法則
　　　由小看大，由大看小的待人處事哲理
2－3 打造自我品牌.........................079
　　　首創以牆面換漆面的雙贏品牌廣告法
　　　比消費者更要求的工作態度
　　　我家油漆，為你重新上色人生的風景

第三章　從「滴色」分子到「知識」分子
3－1 創辦雜誌......................093
　　　一份使命感，雜誌誕生了
　　　從做中學，樂當雜誌社的長工
　　　人生不設限，從油漆業跨足雜誌事業
3－2 領導管理......................105
　　　做好榜樣，樹立公司文化
　　　問自己是要當頭，還是當腳的自然法則原理
3－3 經營企業的理念................115
　　　少年時走路到阿里山工作的領悟
　　　將車停遠一點是給人方便，讓自己可走更遠的路

第四章　人脈經營，「調合」社團生活
4－1 加入社會團體..................127
　　　參加社團，讓路人成貴人
　　　擔任社團幹部、會長的寶貴經驗
　　　社團人才濟濟，是資源寶庫
4－2 人脈經營哲學..................141
　　　為人處事，樂當第十八頭牛
　　　年輕時做會長，體會尊重的重要
　　　當兵時化解糾紛，和樂向善
4－3 無所不在的學習................153
　　　學習，是一項只漲不跌的投資
　　　遲到的最佳解藥：幽默與誠意
　　　我的笑話筆記

第五章　「色計」人生，善盡社會責任
5－1 人生願景......................169
　　　學習做自己的主人
　　　別把壞情緒留給最親的家人
　　　健康是人生最大財富
　　　騎出生命的韌性，自行車環島之旅
5－2 回饋社會......................183
　　　感恩向母親買水果的客人
　　　知識透過分享才有力量

前言 帶動有品格的良善社會風氣

你知道一台汽車是怎麼打造出來的嗎？

汽車工廠一天之內能生產出數百輛新車，靠的就是分秒不停的生產線，把成千上萬個零件組裝在一起。細數這些零件，除了外在的輪胎、車燈、玻璃……之外，還有內裝的汽缸、火星塞、曲軸……等等，就連小小的螺絲也扮演著重要的角色，有了它才能連結各種零件。

如果這台車的任何一個零件有瑕疵，那麼汽車工廠組裝起來的汽車就一定會有問題。之前，某品牌的汽車發生了多起事故，查明原因後發現是踩油門的地方遭到腳踏墊卡住，於是公司決定將各地汽車緊急召回檢查。

藉由這個事件，我們發現就算是腳踏墊這麼單純的配件，也會影響整台車的安全性。因此，想要打造一台品質優良的汽車，在各種製造零件的工廠就必須將品質控管好，才能組裝出兼顧性能與安全的汽車，否則車子一上了馬路就容易發生危險。

瞭解了組成一台汽車的原理，讓我有一些感觸：社會上的每個人就像是一個小零件，而製造零件的工廠正是我們的家庭及各級學校，因此想要「生產」出優良的人品，唯有透過良好的家庭與學校教育。如果一個品格不好的人，不僅家庭會受到影響，也會影響他融入後的社會，所以要打造一個良善的社會，基礎「教育」真的很重要。

　　我非常希望能在教育上略盡棉薄之力，為大家帶來一些正面的鼓舞力量，讓每個人都成為不可或缺的「零件」，去組成一輛輛超級跑車，安全又有效率的行駛於未來的道路上。因此，在這本書中自己分享了一則又一則的故事，就是期望能帶動有品格的良善社會風氣，大家可以一起安居樂業在這塊土地上。

　　親愛的朋友，當我們把該做的事做好，在工作崗位上盡到本分，貢獻一己之力服務社會，將這個「善」往外擴散，才能讓社會更和諧，不容易起紛爭。現在，就與我們一起往正向的路途奔馳，相信也會吸引更多志同道合的人，讓你我共同打造一個美麗光明的地球村！

Chapter 1

樂於學習,造就「漆彩」人生

童年時期生活貧困,讓我更懂得奮發向上!

學徒時期接觸油漆,讓我開創未來的七彩生活!

You don't learn to walk by following the rules. You learn by doing, and by falling over.

人學走路時,靠的從來不是規矩,而是從嘗試與跌倒之中學習。

～ 維珍集團董事長 理查・布蘭森
Richard Branson

1-1 家庭生活

我喜歡聽「故事」，也喜歡說「故事」。每次聽其他人說故事，我都會聽得津津有味，如果看到別人聽我說故事聽得著迷，也會非常開心。

很多人都喜歡「故事」，為什麼呢？

其實「故事」有著驚人的力量，在每個故事當中，總是會有不同的驚奇，滿足人的好奇心，而且聽完之後，還回味無窮。

故事總是帶給人許多的啟發，我也常在聽「故事」的過程中，細細咀嚼它背後所隱藏的寓意，這些寓意可以讓我反省做人做事的態度及道理。

既然「故事」可以帶來這麼不可思議的魅力，讓每個人聽在耳裡卻能直達心裡，在感動之餘細細思索故事所帶來的啟發，所以我在一些場合喜歡講一些小故事，希望透過這些發人深省的小故事，與聽眾產生共鳴。

你也喜歡聽故事嗎？想知道我的故事嗎？那要從我的家庭生活開始講起……

親情，是人生最深刻的功課

三十多年前，我攜家帶眷踏上澳洲這塊陌生而遼闊的土地，為的是孩子們能有更好的教育與發展。那是民國八十年，當時我無法全家同行，我的心仍繫於故土，繫於責任，因父母年事已高，我選擇留在台灣照顧雙親與事業，把妻子與三名年幼子女交託給命運與彼岸的生活。

這樣的兩地生活，最初只是擔心孩子是否適應、是否寂寞。直到時間一點點拉長，才深刻地體會，這不僅是孩子成長的歷程，更是一場屬於我的學習。

我開始學會在不在場的日子裡，仍然深深參與；學會用等待與祝福，代替陪伴與指導；親情，原來不是靠距離維繫，而是靠理解與信任滋養。

　　爾後，孩子漸長，太太回到了我身邊，我們共同在台灣守著油漆事業，這份打拼多年的事業，一守就是三十餘載。

　　歲月流轉，大兒子已成家立業，育有兩名孫子。他選擇帶著孩子再度回到澳洲生活與求學。我欣慰於他們的選擇，也感受到隔海相望的心酸──身為父親與祖父，我與他們的互動，漸漸被時差與距離稀釋。

　　原本以為孩子長大後能就近相伴，如今卻再次天各一方。這樣的兩地生活，不只對親情的牽掛是一種持續的學習，更是對事業傳承的一種挑戰。

　　對於事業的傳承，更加考驗我的信念與安排。我所努力建立的一切，是否有機會被理解、被延續？這成了我面對人生的第二道課題。儘管當時孩子還小，但我也明白他們有屬於自己的藍圖，我無法為他勾勒他的未來，但我願意讓這片土地和心血，成為他回頭時的一方

依靠。

這一些年，我學會了放手、學會了理解，更學會了珍惜當下的每一次相聚。人生就像是一場永無止境的學習，從年輕時的拼搏，到中年的責任，再到如今面對世事無常與親情遠距的無奈，我發現每一刻都在教會我新的功課。

> **持續學習成長，甚至從人生的苦難與失落中汲取養分。學習接受、學習放下、學習感恩，是人生最深刻的功課。**

人生就是學習，學習才是人生。這句話不只是一句座右銘，更是我走過風霜歲月後的真切領悟。無論身處何地，無論面對什麼樣的局面，願我們都能學會感恩、學會體會、學會放下，更學會用心去珍惜身邊的人。

老天眷顧坐月子沒得補的母親

　　我的一生，受母親影響很大。我的母親因為家裡生活困苦，從小就送給人當養女，身世坎坷。現在很少有這種事了，但在那個物質生活並不富裕的年代，把孩子送給其他人，時有所聞。

　　我的母親在十八歲時嫁人，但是後來她的丈夫去世，又改嫁我的父親，日子並沒有因此而變得輕鬆。

　　我的父親沒有屬於自己的田地，加上生活本來就不富裕，我的母親改嫁之後，又帶了兩個孩子一起來住，加起來一共九名子女。可想而知，

我們小時候過得相當艱困，連最基本的生存需求都得不到滿足，哪還會多想什麼呢？只希望能夠填飽自己的肚子就好了。

現代的人肚子餓了，不想吃飯還有其他選擇，我們那時候，不僅沒有白飯，連其他選擇都沒有。在那個年代，白米是很珍貴的，沒白飯吃是常有的事，就算拿到白米，也不能煮飯，只能煮成稀飯，但那個稀飯真的是「稀」飯，根本吃不到飯粒，反倒像是湯，怎麼吃都覺得吃不飽。

既然連主食都吃不飽，大魚大肉更別想吃到，攝取不到其他的營養，所以母親生小孩做月子，也沒辦法好好調養身體，非常辛苦。

母親曾經感慨的說：「一斗米釀的酒來坐月子，卻怎麼也吃不完。」

我當時還天真的問母親說：「阿母，是不是因為你不敢吃酒煮的東西啊？」

母親苦笑著搖搖頭說：「當然不是，是因為沒肉可以煮酒，所以一斗米釀的酒才會吃不完。」

台灣有句諺語：「生孩子，生得過麻油香，生不過四塊板。」照這句語的意思來說，如果順利生產，就可以吃到香噴噴的麻油雞，但是母親順利生產完了，卻沒有食材可以燉煮，不但沒有雞肉，連麻油也很難嚐到，讓我聽了真的覺得很心酸。

不過，母親並沒有因此受到影響，她樂觀的對我說：「雖然我的身子沒有進補，但是並不會因為這樣就奶水不夠，我不但可以養大你們，甚至還可以分給隔壁的小孩吃，我想真是上天在眷顧我們。」

聽到母親這麼說，我頓時覺得，其實我們並沒有那麼窮，我還擁有家人、左鄰右舍的鄉親及兄弟姊妹家人相處在一起，其實這都是值得安慰的。

母親樂天知命的態度深深影響著我，就像當時大家日子過得很困頓，吃也吃不飽，衣服只能撿人家不要的來穿，年紀小的只能穿大尺寸的衣服，從來不知道什麼叫做新衣服。但是只要衣服夠保暖，其實新、舊對我來說也無所謂了。

在這種環境下成長，一般人免不了怨懟，我看著家中的大人們日出而做、日落而息，過著靠天吃飯的日子，卻從不抱怨東、抱怨西，彷彿眼前的困頓不是困頓，

而是生活的一部份,就沒什麼好抱怨的。

這就讓我想起以前長輩常提起的「知足常樂」,一個快樂的人,不是因為擁有的多,而是因為計較的少!

> **唯有當自己開始去珍惜所擁有的這一切,心中才會得到真正的快樂。**

以前雖然沒有什麼玩具,但是我卻有一群好玩伴,我們總是可以突發奇想找些小玩意來玩,像是抓金龜子、樹葉捲成笛子、跳格子、打涼水珠、玩紙牌……等等,不用花費什麼成本,大家就玩得不亦樂乎。

家中即使沒有白米飯吃,但是我們兄弟姊妹還是長大了,困苦的生活並沒有讓我們顛沛流離,全家人還是凝聚在一起。父母也很努力生活,將我們拉拔長大。不用去看我們所缺乏的,而是多看我們所擁有的,你會發現,其實你並不是真的那麼窮,一切全都取決於你的心態而已。

雖然知道「知足常樂」在字面上的意思,父母也在我小時候告訴我許多道理,不過當時還小,並沒有辦法細細體會背後的涵義。一直到踏入社會工作後,才有真正的感受,也真正體悟到,如果一昧的不滿足現狀或不

滿意生活，就會忽略掉自己所擁有的一切。

認為自己什麼都沒有，覺得空虛及匱乏，認為自己一無所有，那才是真正貧窮的人啊！

小時候的物質生活的確很匱乏，無法吃到整碗的白米飯，無法有一件新的衣服穿，但是只要想到還有許多不幸的人們，連飯都沒得吃，或是沒有屋子，只能在寒風中受凍，我們還有東西可以吃，有屋子可以住，就覺得自己幸福太多了。

因為知道自己擁有，所以感到開心，「知足常樂」也成了小時候我們家的寫照。父母親的勤勉與樂天，帶領全家人走向未來，我在他們的影響下，也懂得「感恩」，雖然物質並不豐饒，不過我很感謝老天所賜予的一切，讓我能夠順利成長。

父親揹我上山，
比挑柴下山還辛苦

在傳統的農村裡，生活並不似想像中悠閒，因為家境貧困，父母都是藉由幫忙鄰居做些農事，來養育我們這一大群子女。即使在農閒時期，大人們也不會停下來休憩，還是得想辦法出去賺點外快補貼家用。

為了維持家計，我的父母會去鄰居農地田埂割牧草，再揹到市集，賣給拉牛車的車伕來餵牛，以賺取微薄的工資。

當時的農村婦女除了打理家務、上山砍柴及下田耕作樣樣都要自己來。因為我的父親失明無

法上山砍柴，母親每天清晨五點，天都還沒完全亮，就已經出門工作了，即使在冷風刺骨的寒冬，也要走三、四公里遠的路，到頭汴山去砍柴，再由父親挑回來。

記得我剛出生沒多久，還在哺乳的階段，母親每天很早就到山上砍柴，快到中午，父親會背著我上山，然後挑柴下山。爸爸經常說當時上山是太陽西曬的時分，背著我上山都汗流浹背，比挑柴下山更辛苦，每每想到這情景，我都會眼眶溼潤，感恩雙親從小辛苦拉拔養育我們的這段艱苦時光。

然而，一直想要回報的心，因各種環境因素無法很徹底的回饋雙親，現在想起都會浮現一句話「孝要及時」，也就是這原因，平常我都會建議周遭朋友及時行孝與行善的重要。

母親刻苦的形象，是如此強烈的印在我腦海。當然父親也很辛苦，他們如此努力勤奮的工作，就是希望子女能夠溫飽，讓我們好好長大。只是生活本來就不易，加上家中子女眾多，他們不僅要擔心平日的生活費，子女到了就學年齡，還要為註冊費發愁。

家中開銷這麼大,當然想方設法,母親後來在台中太平橋邊,向好心的鄰居借用一個空地,搭了一間「寮子」做點小生意,賣涼水、削甘蔗,賺一些小錢。只要能夠賺錢的,而且是正當的途徑,父母親都會願意做。

像我家因為沒有田地可以耕作,於是等到下大雨溪水暴漲過後會浮出一些沙洲,父母還會到溪底去開墾及整頓土地,用來種植花生或蕃薯等作物,收成時就拿到路邊「竹寮」叫賣這些雜糧,以增加收入。我想,或許我擁有的生意頭腦,大概也是從小耳濡目染而來的。

鄉下人家有太多事情要忙碌了,而且孩子又生得多,父母實在無暇照顧每一個小孩,因此大一點的孩子,就要幫忙照顧弟妹,常常可以看到正在讀國小的哥哥姐姐照顧弟弟妹妹的景象,甚至還要一邊背著小娃兒,一邊幫忙媽媽煮飯燒菜,或是幫忙顧廚房的灶火。

現在的孩子可能不曉得什麼是「爐灶」吧!

以前沒有瓦斯爐,是將一束束的稻禾捆起來,丟進爐灶內,煮飯、燒菜,甚至燒洗澡水,稻禾一旦燃燒起來很快就燒盡了,為了避免灶火熄滅,要有專人看著。

生活辛苦且家事又多，為了減輕家人的負擔，那個年代的孩子從小就自動自發幫忙各項家務，減輕大人的負擔。如果有農地的人家，小孩還得下田幫忙，就像是插秧，即使插得歪斜，插久了也就正了。有時還要拿鐮刀幫忙割稻，割稻需要彎腰，常常太陽高掛頭上，往往稻子還沒割完，腰已經痠疼，汗流浹背就更不用說了，而割稻讓手指長繭或是不小心受傷，更是常有的事。

稻子收割完後，也要幫忙曬穀；如果家裡有養牛，小孩每天還得牽牛去吃草。雖然我們家沒有養牛，但是我的兩位哥哥小時候都需到鄰居家幫忙牽牛到農田吃草，換取一頓餐食。

我們常常因為幫忙鄰居，而有一些小錢，這些錢我們並不是拿去買糖果花掉，而是拿回家給媽媽，媽媽看到我們替家裡著想，臉上都會露出笑容，看到媽媽高興，我們也跟著開心。

從小就做這些辛勞的事，並且把它當作日常活動，已經成為我們的習慣，同時培養了大家日後在社會上吃苦耐勞的性格，長大後不論進入哪種行業，做起事來也

會格外認真踏實。吃苦吃慣了,也不覺得苦了。

也許有人會覺得我們笨,為什麼要做那麼多事?但我們把這些都當作應該做的事,也就是「本分」。把分內的事作好並不是笨,而是對自己交代。小時候對父母交代,長大後不只是對雇主,同時也對的起自己。

> **誠懇的做人、做事,**
> **小則影響他人,大則影響社會。**

我並沒有偉大到想要改變什麼,但我知道只要好好做事,對得起自己的良心就夠了。而這一些,都是小時候耳濡目染下所學習的。

說到本分,雖然當時我還很年幼,但既然是家中的一分子,只要有能力,就必須要一起幫忙做家事,每個人都有自己的工作,同時也相互扶持,像我每天的例行公事,就是撿樹枝、稻禾以及照顧豬隻。

當時有很多人家裡並沒有自來水,想要用水,得走一段距離到河邊,或是到鄉里共同開採的古井邊打水。為了能夠燒柴煮飯,我每天都和弟弟妹妹,手牽著手,

沿著小路撿尤加利樹的樹枝當柴火。這樣的相處，一直在我的腦海裡，那林間小路上的樹枝，和一路上留下的小小腳印，而和弟妹的相處，更讓我察覺，這個世界上沒有什麼是比家人更重要的了。

朋友也許很有義氣，肝膽相照，但和你一起成長，無法從你生命中抽離的，是你的家人，一直到現在，每天關心家人還是我生活中很重要的一件事。

想起童年時所做的粗活，雖然年代已經久遠，卻歷歷在目，對於現代生活環境優渥的孩子來說，這些粗活，大概是很難想像。但是，我發現這些生活上的經歷帶給我的價值還真不少，不僅讓我手腳變得更加靈活，也讓我的童年有說不完的精彩故事。

我也鼓勵現在的孩子多幫忙做些家務事，不但可以培養孩子的責任心，也能鍛鍊孩子的體能發展，實在是一舉數得的事，可別讓孩子只顧著讀書，這樣的童年生活方式將會影響子女未來的一生，做家務事其實是培養子女長大立足社會的最好方法。

The beautiful thing about learning is nobody can take it away from you.

「學習」的美好之處,是沒有人可以把它從你身上拿走。

～ 音樂家 雷利・班・金
Riley Ben King

1-2 求學生活

學校的生活真的無聊、煩悶嗎？

對以前的孩子來說，在學校也許仍要讀書、學習，回家還有作業，甚至調皮時，還會被老師教訓，但是在學校裡頭，至少不需要幫忙家務與農事，也不用幫忙照顧弟妹，或是挑水、升火。

對當時的孩子，校園的生活有很不一樣的意義，那是一種喘息。不僅體力上的勞動可以暫停，到學校還能享受和其他同學談天說笑、嬉鬧玩耍的時光，可說是有另一番新天地。

其實生命中的學習也不只是在課本上，更重要的是如何在生活中學到人生的智慧，運用在我們的待人處事上。

一個鞠躬，充滿了大學問

　　生活是忙碌的，鄉下子弟更甚，從春到秋，從早到晚，偶有休息時間，也是為了下一次的辛勞而準備。日子就像陀螺，不斷轉呀轉，而和農家生活不太一樣，就是校園生活了。

　　校園時光，是真正的玩耍時光，也是放鬆的童年，僅管只有下課一點點的時間能和同學玩耍，而上學、放學的時候，同學間嘻嘻鬧鬧，在田徑小道上追著、跑著，那也是一段優美的時光。

　　不過，很多的農家子弟，並不是全部都可以

上學。那時候的社會結構是農業生活，以田為主，有田才有飯吃。稻香千里慶豐年，生活的重心就是農務，而當農忙時期，像是收割及晒穀，更是需要大量的人力，所以只要有勞動力的小孩子都會被留下來。

這是整個農業社會的觀念，當時的父母也覺得小孩沒上學也沒關係，反正以後也沒錢升學，書讀太多也沒有用，只要懂得怎麼種田，未來就算吃不飽，也餓不死，因此班上的出席率也常常不佳。

我小時候念太平國小，我們那時候有甲、乙、丙三個班級，我是丙班，並不是升學班。學生如果要升學，一個月還得交15元的補習費，下課時就要去老師那裡補習。在一碗陽春麵只要1至2元，一個麵包才5角的年代，15元對我們來說，是非常龐大的金額，我擔不起，就算有心，經濟上也不允許。

從小，我們就知道父母賺錢不易，即使是開口要求想要升學，這種話也說不出口，為了不想增加家裡負擔，當然也沒有打算繼續升學考試了。既然家庭環境並不優渥，無法讓我一直順利地上學唸書，那我怎麼能造

成家裡的負擔?所以我只念到國小畢業,就離開家裡,去油漆店裡當學徒。

那時候很多小孩,為了家計,很早就需進入社會工作,為家裡盡一點責任,而我也不例外。或許身高及身材還是小孩子,但心態很重要,當想要為他人負責時,無形中也就變成巨人了。

雖然在學校無法學習,但學習的機會到處都是,尤其出來工作,因為什麼都不會,所以學得比在學校更勤勞。在學校學習要花錢,短時間看不到效益,畢竟知識的累積是越學越多,到後期才看得出成就。而在工作上學習,不但可以得到技術,還可以獲得報酬,這對於當時的我以及困苦人家的小孩,改善生活及經濟才是最實際的。

出來工作之後,我花了許多的時間摸索與磨練,難免碰到挫折與困厄,但是對從小就吃過苦的我來說,遇到困難,也不用想太多,想辦法解決就對了。

憑著一步一腳印,慢慢努力,加上對各種知識始終保持學習的心態,遇到問題總會設法找出答案,這一路

走來，人生的滋味是豐富的。

　　由於我們家是務農，有時候孩子需要幫忙而沒有去學校，不過發生在學校的許多精彩小故事，到現在還是難以忘懷。

　　有一天朝會，校長站在司令台上，向站在底下的全校同學宣布：「各位同學，你們在撿紙屑時，如果有發現一張我寫的字條，就可以來跟我領取獎品。」但是過了一個星期都沒有人去領獎。

　　在下一次朝會時，校長就找一位學生到校門口國父銅像底下，去撿他放的紙條，這時候我們才明白原來校長寫的字條就是那張紙條。校長又說了，平常我們在跟國父銅像敬禮，就算有敬禮也沒有認真鞠躬，就算有鞠躬，眼睛也不知道在看哪裡，心不在焉、馬馬虎虎的，所以眼睛並沒有注意看到地上的紙屑，因此不會發現眼前國父銅像下的紙屑。

　　這件事讓我印象很深刻，校長的用意，當然不是僅僅撿垃圾這麼簡單，他希望我們要有禮貌，不只是對國父銅像，而是對長輩，或是任何人都要懂得尊敬。同時，

讓我領悟到不論做人、做事都要到位,才會成功。校長用心良苦,用平常生活的小細節,來表達深遠的寓意。

> **完成一件事是不容易的,想要做好一件事,背後有它的一套邏輯、有它的學問。**

因此我總是要求自己不斷地學習,多跟身邊的人請益,知之為知之,不知為不知,不恥下問,有尊敬、專心的態度,才能越來越充實。術業有專攻,三人行必有我師焉。

每個人都是我學習的對象,也是我的老師,雖然離開了學校,但這個社會,亦是另外一個學習的殿堂。

發揮創意學英文

以前教育局的督學會來學校檢查,老師說某一天督學要來,但是「督」這個字我不會寫,於是我就發揮創意,在聯絡本上畫兩個人相遇(台語:相賭),這樣我就知道督學是哪一天會來了。

方法,是人想出來的,尤其在學習這一條路上,對我這個功力不夠的人來說,創意學習是不可或缺的,我甚至發揮我的創意來學習英文。

後來我沒有繼續升學去念初中,不過一直覺得英文很重要,想要學英文。在我十四歲那一年,去買中美日三種語言的參考書,然後就用日文的

發音「A、I、U、E、O」去對照書中的英文來學習，所以我學的是比較日本腔的發音，也造就了現在我到日本去，還會照著發音念日文，真是一舉多得。

此外，還記得我去當學徒時，老闆有個親戚住在大甲，當時的升學制度是聯考，並不是每個縣市都有考場，而中部地區的考場只有台中，所以那個親戚在考試的前一天晚上就來老闆家借住，準備隔天去考試。

這個年輕人跟我睡頂樓房間，我心想這是個好機會，就打破尷尬請教他，問他一些英文字母怎麼唸，我先把英文字母工整的寫下來（怕他取笑），然後請問他：「U怎麼念？」他就告訴我U的發音。

我要怎麼把U的發音記下來？我那時候寫了一個「細」字，跟U是完全不同的，但我發揮創意聯想學習法，因為當時店裡有賣砂紙，有粗的、有細的，而台語的「細」唸做「優」，我就利用這個方法，來記U。

我又問他：「V要怎麼念？」他告訴我之後，我就畫了一副瞇起來的眼睛，像在打盹似的，因為台語念起來就是「眼睛ＶＶ」，是不是很好記呢？

除了這些學習的小故事，我還記得在六年級的時候，老師叫我去當班長，並且叫我去演講，我的學習成績一向不太好，也不知道老師為什麼會指派這個任務給我，結果我站到演講的台上，看著底下眾人，因為過於緊張，腦筋一片空白，也不知道自己在講什麼，覺得很丟臉。

雖然很丟臉，但那些都成了難忘的經驗。學習成績不論是好或壞，最重要是學到了多少。我在學校不只學到知識的傳遞，還學到做人的道理。我很愛學習，不一定是打開課本才叫學習，一種全新的事物，或是新的觀念，對我來說都是學習。

現在有時候去教育分享，我也會講自己本身學習的小故事，希望分享給大家有趣的學習法，說不定有些人在學習上碰到瓶頸，藉由創意聯想學習法，可以突破讀書的難關呢！

Success is the ability to go from failure to failure without losing your enthusiasm.

「成功」是歷經一次次的失敗,卻仍不失去熱忱的能力。

～ 前英國首相 溫斯頓・邱吉爾
Winston Churchill

1-3 學徒生活

五十年代的台灣,正從農業社會轉入工業社會,農村的父母們一輩子兢兢業業辛勤工作,勉強維持生計,而孩子們通常小學畢業後,就必須去學一門技術、當學徒或打零工以貼補家用,同時也希望謀取一技之長,未來能夠自立門戶。

我也不例外!我記得很清楚,那年春天4月5日,天氣正開始暖和,早上掃完墓,下午就拎著用棉布做的包袱,帶一些換洗衣物,準備離開這溫暖的家鄉,前往一個未知的地方,從零開始學起。

沒有父母在身旁的青少年時光,生活會是什麼樣子呢?回想起來,這也是我生命轉變的一個重要起點。

離家踏入學徒的生涯

能夠待在家人的身邊,誰願意離開?能夠全家團圓,又何必分離?這是沒有選擇的選擇,即便不捨,也只能壓下感受,為了生活而奮鬥。既然他們是我親愛的家人,那我為了他們,忍受一點寂寞,也沒有關係。

我印象非常深刻,那一天是民國51年4月5日,也是清明節,早上去掃墓之後,中午回家吃飯,那頓飯已經忘記是什麼滋味了,但是當時的情景卻深刻印在我的腦海,因為該來的還是要

來,等我吃飽飯,時間也差不多了,我就要離開家裡,回到那時還是鬧區的台中市自由路一家油漆行當學徒。

雖然油漆店離家不遠,但畢竟是初次離開雙親與家人,又寄人籬下,酸澀的滋味湧上心頭。那年我才14歲,離家的日子特別難熬,平常不會顯露出來,但每到夜裡,總會因為想家、想父母,想念在他們身邊的日子。想念歸想念,我還是無法轉身叫一聲阿爸或阿母,或是看到弟妹的身影,只能偷偷的在沒有人的角落拭淚。

沒有顯赫的背景,沒有祖先遺留的田地,沒有足夠的能力,使我們無憂無慮,因此為了自己,也為了家人,必須離開父母身邊。這讓我意識到,不能依靠外物,只能靠自己,同時有個想法強烈的湧上來:「我一定要比別人更努力,比別人付出更多,因為我要成功。」就是這個信念,讓我忍受孤獨,並堅持下來。

我相信,短暫離開家人身邊不算什麼,等我學了一技之長可以賺錢幫忙家裡時,就能和家人在一起了。

現在許多新鮮人感嘆起薪低、離家遠,比較辛苦的技術工作常常乏人問津。就算找到工作,也是嫌東嫌

西,總覺得這份工作對他們來說是大材小用,吃著碗內、看著碗外。這種不可取的心態,讓他們在工作領域,無法好好學習。其實,職場的師傅擁有一身好本領,都是源自於當年家境清苦,無法升學,為了分擔家計,而從學徒開始認真工作,才能到今天這個境界。

以前的「學徒」,是由師傅或店家供你吃住,還要教你一技之長,讓你在店裡,或是在他身邊幫忙,相對的,也是在培養他的競爭對手,所以學徒的薪水很少,有些甚至還沒有薪水。

我在當學徒的生活非常緊湊與忙碌,每天早上7點工作到晚上10點打烊,在店裡工作是不覺得辛苦,只不過有些無聊,當時也沒電視可看,報章雜誌又少,報紙翻了又翻,連徵人啟事的文字都看了好幾遍。

那時候,我的薪資是每個月台幣50塊,現在的50塊可能連個便當都買不到,但那時候的50塊可是非常大筆的金錢,同時也算是能夠真正幫助到家裡。

我當學徒唯一放假的日子,是每一年的除夕夜,一整年的工資也是到除夕那天,老闆才結算給我,我再把

錢拿回去給母親。只是因為家裡實在太窮困了,母親在平常的日子就會到我工作的商店向老闆先借一些錢,拿回家當生活費,所以過年領回的錢也沒有多少。

我記得放假時,也就是除夕夜回家前,總會和哥哥到附近的市場去買件新衣服,走在回家的路上,手裡拿著剛買的新衣,想著過年能夠和家人團聚了!這一天,是一年中最快樂的日子。

學徒的那段日子,也讓我養成了規律的生活作息;而平時沒支薪,也協助我養成不亂消費以及儲蓄的習慣,一直到現在,我還保有這些生活習慣。只有在每個月的第四個星期是公休日時,我會跟同伴去看電影,還記得當時因為物資缺乏,穿著一條薄薄的褲子就出門,並沒有因為上街看電影而穿比較體面的衣褲。這些點點滴滴現在回憶起來,可以說真的是很純樸的生活。

當時還是學徒的我們,對自己的工作不知苦、不知累,但知道自己的辛勞,是有收穫的,知道自己所掙的錢能夠幫助到家裡,讓我覺得很開心。

認真工作的動力，
來自榮耀失明的父親

　　我剛去當學徒時，也會想念家人，想著以往與他們生活的點點滴滴，還有孩子之間的爭執與笑語，這些都是我生命中的一部份。

　　我很重情，連對豬也有感情，以前都是我在餵豬，我離開之後，也會想到有沒有人去餵牠，牠會不會餓著？當時老闆娘看我這麼小就離開家，特別照顧我，我很感激他們，只能用努力工作來報答他們。

　　不過工作時間再長，也有喘息的時候，克制

的時間再長，思念的情懷，還是會在無意之中冒出來，有時候可以藉由工作來忘懷，但夜闌人靜的時候呢？

有一次，我回去看了家人，看到他們安好，心裡很開心，同時也有點不安。因為店裡離家的距離約6到7公里，就算騎腳踏車也要一個多小時。我是趁那一次出來到家附近送貨，提早送完，心想還剩下一些時間，又離家裡不遠，就趁著空檔，跑回家去看看家人。我並沒有耽誤太久，也準時回到店裡，雖然沒有影響上班，但是自己內心就覺得很過意不去，那時我就深深覺得人真的不能做壞事，否則良心的煎熬，會陪著你一輩子。

我出生的時候，父親剛好去幫人做風水（做墳墓的俗稱），結果就得了眼疾導致失明，世界上還是有很多事情，是無法解釋的，於是我的母親跑去求神問卜，後來得到解答，據說是因為生我，所以引起爸爸眼睛失明，自幼我就一直將這件事惦記在心上。

每當我一想起了這件事，心中就有一股自責感，我們是安分的人，為何不幸要降臨在我父親身上？上天為何要捉弄我們？即使冒出這些念頭，仍沒有改變我做人

做事的道理，只是更加深我的決心，打拼想要彌補這件憾事。

後來，我去當學徒時，就會時時刻刻警惕自己，假如我沒有好好工作，風聲傳回鄉村，爸爸就會因為面子而不好意思出門。而我的父親失明，沒辦法自己到太遠的地方，只能在村莊裡活動，加上大家都認識，更不能讓父親丟臉。所以我很認真工作，為了讓失明的爸爸可以在村子裡活動，不會擔心沒面子。

家人是我在工作時的重大支柱，雖然會想念，也會牽掛他們，希望他們能夠在我眼前，讓我隨時知道他們是否安好。但我更相信，只要我好好做事，一定可以改善我們的未來，給他們一個無憂無慮的生活。

快樂習慣精選十則與重點整理：

1. 要學會感恩

感恩是快樂的根源。感謝生活中的點滴美好，能讓我們自然感受到幸福與滿足。

2. 要培養樂觀的心

樂觀者更容易在逆境中找到希望與機會，並以正向思維面對挑戰，提升幸福感。

3. 常常運動

有規律的運動能促進身體健康，釋放壓力與正向荷爾蒙，讓人心情愉悅。

4. 要有高品質的人際關係

幸福來自於與他人的連結。與家人、朋友真誠互動，建立深厚情誼，能使人生更有意義。

5. 做你熱愛的事

投入自己喜歡的工作或興趣，能激發內在動力，使人生充滿熱情與滿足感。

6. 學會寬恕

放下怨恨與憤怒，寬恕他人與自己，讓內心獲得釋放與平靜，是邁向快樂的關鍵。

7. 學會深交

真正的快樂來自於深度的連結。與值得信任的人交流，建立支持性的關係。

8. 要守承諾

誠信是幸福的重要基礎。對自己和他人負責，能提升自尊與人際信任。

9. 接受不完美的自己

快樂不是完美的結果，而是接受自己的不足，學習放下、原諒與成長。

10. 學會自省與成長

在每日的生活中保持覺察，從失敗中學習，是持續快樂與提升的來源。

你若欲成功來聽老蘇講

【三慢好茶】

　　當朋友來找我泡茶，我都會請他喝「三萬」的茶。

　　朋友都很驚喜地問我，什麼樣的好茶要「三萬」？

　　我告訴他們，我的「三萬」好茶，就是「三慢」好茶。我會「慢慢」的煮茶、「慢慢」的沖茶與「慢慢」的喝茶。

　　怎麼說呢？這是台語它的趣味之處，「三慢」念起來就像「三萬」，而「兩萬」就是「慢慢」的意思。

　　不管身為主人拿出什麼樣的茶招待客人，到了人家家裡，也要帶個「兩萬」，而這「兩萬」，就是「慢慢」地喝。

　　等到茶煮好了，我還會有趣地說：「今天所泡的茶是『正慢』」。台語的意思是上萬，只有一萬的意思。

我常常利用台語的諧音，讓生活充滿趣味，不只喝茶，跟人家喝咖啡也要「三萬」（三慢），不管是泡茶還是咖啡，當人們的心意出來的時候，也都比較好講話。

　　現在的人講求快速，做事要有效率，固然沒錯，不過也不差那一杯茶或咖啡的時間，在喝茶的時候，雙方才有機會打開話匣子，慢慢熱絡起來，不管是培養感情，還是要談合作，也才能夠建立信任感。

　　我覺得喝茶很不錯，它就像是潤滑劑，可以讓人的差距變小，拉近人與人之間的距離。

　　除了喝茶，我也有各牌的咖啡可以請人，而且我通常騎著摩托車請人喝咖啡？為什麼是騎摩托車呢？如果你在騎車的時候，前面有隻狗，你會怎麼做？你的直覺一定是用喇叭給它「逼」下去！這不就是「嘎逼」（咖啡）了嗎？

　　那如果別人的摩托車後面有狗的話呢？也給它按喇叭，也「逼」下去，這就是別人的咖啡——「伯朗」咖啡。

　　關於咖啡，我又在說笑話了，你想要聽我說笑話的話，也要有杯喝茶的時間吧！

　　我如果請你喝茶的時候，就慢慢的喝吧！我準備「三萬（慢）」，來喝的時候，就準備「兩慢」，「慢慢」的喝，在喝茶或喝咖啡的這段時間，將時間留給彼此，讓大家做個交流。到時候，記得用「一萬」（真慢），保留時間來慢慢喝茶。

Chapter 2

從「黑白」兩道到滴色分子的創業甘苦談

刷一撇白，談談創業的樂趣；

刷一撇黑，說說創業的艱辛。

現在，我用刷子成為「黑白」兩道的油漆專家；未來，也期許幫別人刷出更多精彩的人生。

A person who never made a mistake never tried anything new.

一個從未犯錯的人,是因為他不曾嘗試新鮮事物。

～ 物理學家 亞伯特・愛因斯坦
Albert Einstein

2-1 創業的起心動念

想想看，一棟建築物如果什麼色彩都沒有，非常單調，死氣沉沉，住在裡頭一定相當乏味、毫無趣味。如果藉由不同色彩的油漆，那麼就可以讓住在裡頭的人，生活有所不同。

世界因有色彩而美麗，而油漆能夠讓顏色為城鎮及都市，注入不同的意象，也變得活潑起來。

「我家油漆」能夠在大街小巷，為人所知的油漆專家，是經歷了多少過程呢？我在十四歲的時候，就去當學徒，到了十八歲，去我哥哥的店裡當油漆工。

丟了一台機車，開啟創業的轉念

說起創業的因緣際會，是一段有趣的故事，民國 61 年 11 月，哥哥標了一個彰化縣境公路的一個路標工程做橋墩地理標誌，那時候我已經服完三年的兵役，返鄉後第一次承接油漆工程。

當時，過了南王田橋，第一個工作地點就是國姓橋，我的工作就是要塗上黃黑色的警示標誌。我將機車停放橋的右邊，然後過去橋的左邊刷塗工作。

才開始工作不到十分鐘，我發現我的機車被

偷，眼睜睜看著那個陌生男子偷騎走機車，消失在眼前，無可奈何的我，只好用走的去警察局報案。但是機車已經被偷牽走了，沒有交通工具，所以我第二天沒辦法去工作，只好把工作讓給別人。

幸好老天還是眷顧我的，雖然發生了機車被偷的事情，事後報警在彰化頂番婆派出所找回機車，這讓我重新思考。當時一輛機車的價值大約是六千元，我如果用這筆錢來承租店面，開間油漆行呢？因為機車是失而復得的，假設生意不順利再回頭當油漆工也沒損失。

幾經思索，下定了開店的心意，趁我還年輕，還有時間和體力可以做，為什麼不給自己一個機會呢？

從零到一，是最困難的，因為這是兩種不同的境界，一旦從無到有，踏入不同境界之後，就要開始去開拓、去攀升。創業不難，難的是你怎麼去突破心防、怎麼把自己調整到創業的姿態，開始出發。雖然只是機車被偷一事，卻引發我創業的想法，這是之前沒想過的。

我認為不要抱怨生活中發生的任何事情，因為它都可能有不同的意義。像我因為這件事，才有了創業的想

法。如果我一直抱怨那個小偷，想著我失去機車那些日子無法賺取的金錢，就不會有今日的一番事業。

任何事情的發生，都是老天的安排，我們遇到困難不如意時，要冷靜思考，這樣就算壞事發生，也能產生好的影響。

合夥結束，
連土地公都會選擇跟著我

　　決定創業後，在61年12月1日我的店就開幕了，那時候是跟一間作營造的親戚租一個店面，我還記得地址是錦中街6號，一個月的租金是一千二百元，那時候我的想法是：「近水樓台先得月。」既然房東親戚是營造廠，到時也可以看看有沒有油漆工程可以包下來做的。

　　那時候也沒專心在看開店地點，只希望有工作機會就好了，沒考慮人潮之類的問題。

　　當時，我有一個「關門就賺錢，開門就賠錢」

的哲學,意思就是說如果我的門關了,就代表我出門工作了,去賺錢;如果沒工作,我就坐在店裡等工作。我盤算著,如果一天工資一百二十元,一個月三十天,賺到三千六百元,就可以付租金。

後來我想請人來幫忙顧店,我自己去貼徵人小廣告,旁邊有台中商職,結果應徵了一個女生。當時給她一個月的薪水是六百元,只顧白天,因為我沒什麼資本,但是還要供她吃住,而且房間數量不足,就與房東商量將半樓空間隔成兩邊,有個簡陋的小空間讓她住,現在想起來或許很不可思議,但是那個年代真的就是這樣,以前的真的太辛苦、太認命了。

當時我只買得起紙簍米(用紙袋裝的散裝米),然後我又買了一個之前做工程時,有人家不要的二手瓦斯爐自己下廚。我還記得隔了幾年,我把鍋子再拿去賣,還賣了一些錢,可見那時候物資多缺乏,要溫飽三餐實在很不容易,二手物品價錢還是不錯。

民國 62 年我搬了三個地方,錦中街 6 號開店不到一個月我發現不行就退租了。民國 62 年年初,有一個

小學同學在做招牌，我們就一起合夥在台中醫院後方租了房子，而房東在東勢，我們還騎機車去東勢拜託房東承租給我們。

我這個小學同學，當時他有交女朋友，每天都很晚才回來，而且他跟他女朋友也睡在我們店裡，由於很晚回來，每天早上要倒尿桶都是我去倒的。開店也不是他開，關店也不是他關，整理清潔都是我。後來，我發現小學同學因小事欺負我弟弟，他甚至說：「除了你哥哥以外，你們家兄弟我都看不起。」當時我哥哥在地方上還小有名氣。

當時想說是小學同學，有份情誼在，所以跟他一起合作，然而他後來的態度，使得我也不知道該怎麼面對他。每個人有每個人的想法，我沒有辦法要求別人跟我們一樣。然而，道不同不相為謀，我想了又想決定跟他拆夥。

由於一開始合夥，很多東西都是一起合資買的，就連神像土地公也是。什麼東西都可以拆，但是土地公就沒辦法分一半，所以我們討論，利用擲筊來決定，每個

人擲筊五次，看誰次數多，土地公就讓誰祀奉。

　　說到這一點，有件事要提一下，在這之前，土地公都是我在拜，沒想到這次擲杯的結果，土地公就表示要跟我，這讓人嘖嘖稱奇，不服也不行了。我那個小學同學也沒有說什麼，我們分好之後就各自發展。

　　這讓我更加信服，人在做天在看！千萬不要以為你的作為，都沒有人知道，就算沒有人看到，還有天眼。所以一個人即使站在暗處，行為也要光明磊落，千萬不要違背自己的良心或是去傷害人，那樣就是對社會有貢獻的人了。

　　後來我搬到公理街 16 號，只租一樓店面，沒住房，我又再請一個小姐白天顧店，特地將漆架往前移出，離牆壁 2 尺寬，晚上我就睡在漆架跟牆面的空隙，連翻身的空間都沒有。創業途中換了幾個地方，但一直都在油漆這條路上奮鬥，回想起來雖然很辛苦但也撐過來了，也真的要感謝當時偷走我機車的那位貴人呢！一個轉念，讓我走上不同的路，非常奇妙。

　　我 21 歲去金門當兵三年，民國 60 年退伍。當兵回

來，因為好奇跑去算命，算命的說我以後是很大的代理商。當時我只是個毛頭小子，很大的代理商到底多大？沒什麼概念，而且我當時在路上只是騎著「鐵馬」（機車），而且也沒有開店的想法。

我只知道，要腳踏實地，不要好高騖遠，將事情做好就對了。沒想到真的如那個算命師所言，我成了代理商，而且還有一些成績，能夠到達這個地步，要感謝的人實在太多了。我只能將這份心意，放在心中，有機會都會將它釋放出來。

同時，我也相信冥冥中有個力量，平時看不見也摸不到，但是它就在我們的四周。我也發現人真的要做好事，這種正面的力量散佈在宇宙，而且會回流，投射到自己身上。你向宇宙發出什麼樣的訊息，宇宙也會將這種訊息回傳給你。多做好事，讓正向的能量散佈在四周，它會在該回到你身邊的時候，化危機為轉機，幫助你從谷底爬起來，所以我一直保持善心，因為我相信凡事必有因果。

任何的苦難與挫折，我相信都是上天給予的安排，

你去挑戰並且突破，過得了這一關，後面的路就順遂了。甚至可以說，當你有了突破難關的經驗，後頭就算再發生什麼困難，又怎麼打敗得了你呢。

這一路走來，好像冥冥之中都有安排，老天要我有所作為，所以設下了很多關卡，等著我去跨越。當然，如果我那時一直在當店員不做油漆工程的學徒，或許人生又不一樣了。但是老天既然這樣安排，就一定有祂的用意。

自行創業取名，
飲水思源不忘本

民國 62 年，我創設「中泰油漆企業行」，從事經銷各種塗料零售，以及塗裝工程承包業務。當時取名是有用意的，因為以前當學徒的店名為「永泰」，為了感念我的老闆，因此我取名為「中泰」。

後來事業再擴展而去辦理公司登記時，因為「中泰」已被中泰化工申請了，同業不能用相同名字，我又開始傷腦筋了。後來，我想到，既然我住太平，那就改取「泰北」，而且英文的發音

近似台北（TAIPEI），好唸又好記。我甚至還自己設計了一個LOGO。民國66年，正式成立「泰北油漆建材有限公司」，代理建材相關產品進口批發業務。

民國69年在西屯路向建商訂購現址，再跟建商談油漆工程，所以後來這批建案是我公司承包施工。

當時公司名稱已有了（中泰／舊名）泰北油漆，營業地址在太平鄉下，那西屯路是否另取設立新公司？靈機一動之際，想到一般住家要粉刷油漆時到哪找呢？若沒親戚朋友做這一行的如何找起？以前不像現在網路很方便，只要上網google一下就可找到一堆。

我們把自己的住家稱為「我家」，那我家要油漆到哪找我呢？所以就想到取名為「我家」，「我家要油漆，油漆找我家」就很容易記住了！

順利註冊為「我家有限公司」後，營業項目包含建築、家具、五金建材甚至營建、汽車銷售、家用電器等，只要家庭所需用上的產品我都註冊，所以現在其他行業想用「我家」去申請都沒有辦法註冊，就是因為這些項目都被我註冊了。

當時做生意若有一部電話，聯絡會很方便，為了讓大家很快就記得電話號碼，當在 60 年代 28 字頭的電話還沒開放時，我就經常向我朋友提起我以後要用 285717（你幫我漆一漆）這電話來作我行銷的號碼。

電話號碼取得的過程也是一段故事，我會三不五時就到位於市府路民生路口的電信局去查問：「28 字頭何時釋出？」

經過一至二個月的時間，當最後一次到櫃台向服務人員表明要更換電話號碼，服務小姐拿出一張 28 字頭開始的號碼單，我心跳急速、緊張又害怕這號碼被人捷足先登，直到發現 285717 還沒人登記，一直到服務人員蓋章確認這號碼屬於我了，心跳才穩定下來。現在想起來，還是如同當時的情境一樣緊張。

從這個取得電話號碼的經驗告訴我們，只要心裡想要完成什麼心願，當你一直去想去做，老天一定會幫助你完成，這就是心想事成。但一定要有行動力，如果沒有行動力，絕對不會成就任何事。

It is not the employer who pays the wages. Employers only handle the money. It is the customer who pays the wages.

支付你薪資的並不是雇主,他們只是掌管錢而已。真正支付你薪資的是顧客。

～ 福特汽車創辦人　亨利・福特
Henry Ford

2-2

建立穩固的基石

常有人問:「做事到底是過程重要,還是結果重要?」

我認為工作就像享受一頓美食,吃飽固然是我們要的目的,但是過程卻比結果更有味道。

既然我已經走入創業之路,就要好好品嚐這一道道送上桌的菜餚,不論是酸的、甜的、苦的或辣的,我都不願錯過。就讓我來分享一下,建立了現在事業穩固的基礎,究竟經歷了哪些過程呢?

石油危機成就了我的創業轉機

民國 62 年到民國 64 年，第四次中東戰爭爆發，石油輸出國組織的阿拉伯成員國，當年 12 月宣佈收匯石油標價權，那時每桶才 3.01 美元的原油，提高到 10.65 美元，油價上漲許多，整個世界都受到影響。

其實我先前買賣都只是微薄的利潤，但是，石油危機時物價又一直飆漲，我就掌握住機會，像東西如果買進一百元，漲到一百二十元的時候就迅速脫手，我不會想要等到漲到一百五十到一百八十元才賣，因為我覺得有賺就好，不要貪

心。

不過很多人並不是這樣，他們囤了很多貨，想說可以大撈一筆，結果有人囤貨太多，一遇到市場需求萎縮，全部投資都付諸江流了。結果因為我單純的想法，而沒有受到景氣變壞所波及。

就連民國87年的金融危機，我因為不貪心才能安全度過，為什麼呢？很多人當時買了很多股票或基金都慘兮兮，但是我一項都沒有買，當別人在頭疼、傷腦筋、想要拋棄又捨不得時，我倒是很輕鬆過日子。

他們在貪什麼？吃也不過吃那一點，衣服再穿也沒有幾件，但就是有人非得要賺到當富翁不可。「人為財死、鳥為食亡」，仔細想想，我們人在睡覺的時候，什麼都沒有了，一定要能再醒來才能享用這些物質，否則沒了生命就算擁有再多的金銀珠寶，又有什麼用呢？

因此，偶爾看到兒女爭產的新聞，我都覺得很心痛，這樣斤斤計較有什麼意義呢？為了財富，把最珍貴的情感都丟到水裡，父母的恩情、兄弟姊妹之間的手足之情呢？財富沒有了，再賺就有了，情感一旦破壞，就

很難修補，孰輕孰重可想而知。

對我來說，那一次的石油危機，反而是個機會點。如果當時沒有石油危機，以我直率的個性，也有可能被人倒光也說不定，因為石油危機，我穩紮穩打，沒有過多的慾望，不斷循環的買賣生意才能賺錢，奠定了我往後事業的基礎。

古早的水井，
啟發不削價競爭的生意法則

有一個故事，台灣早期每戶人家門前都有一口井，我為了保留我家的井水，偷偷去你家古井舀水，但是你想一下，你家的水會不會增多？大家都知道，水其實是平面的，並不會因為不用我家的水井，水就變得比較多，說不定你家的水井因為常用，變成活水，反而比較乾淨。因此這個舉動，根本是多此一舉。

套用到生意上來說，我們不跟人家打價格戰，水會流動，客戶也要自己去開發，並不是我

搶了你的客戶，你的客戶就變成我的客戶。客戶自己也有眼睛，也有大腦，他們會去判斷，什麼樣的產品跟服務才是他們想要的，所以不用削價競爭。畢竟成本反映在價格上，我們使用了低廉的產品，壓低市價販售出去，客戶用了覺得不好，也會跑到別家去消費，這是雙重損失，不僅店家名聲受損，原有的客戶也會跑掉。

做生意要有「良性」循環，我們提供良好的服務、產品，顧客喜歡，回購率就會高，口耳相傳，人家聽到口碑，也會過來購買，所以我很注重品質與服務。

做生意除了維護好品質，還要主動出擊，一般油漆師傅可能沒時間跑去買油漆，都是打電話叫貨，為了主動出擊，開發新客戶，我不會坐在店裡等電話，我改被動變主動，我就自己出去推銷。見面三分情，加上我們產品好、服務好，生意做得久，業績才做得大。

還有，之前跑業務都賣鐵工廠用的油漆，所以我開車在路上時，都會特別注意鐵窗工廠，為什麼呢？因為在三角窗的地方，就容易有工廠，有空地放材料。如果看到牆壁上花花彩彩的，就代表這個工廠常在油漆，因

此我就知道這是我的目標客戶了。這時我就會停下車子接洽，有時老闆覺得價錢合理就會買單。

價格公道，客戶又不用自己去油漆行取貨，因此我的顧客開始越來越多。其實，做生意只要為顧客著想，提供有品質的產品與服務，顧客就容易上門交易。

此外，我也願意多給業務一些機會。

我曾經認識一位做電鍍的蔣老闆，當時我和他一起合作，在做油漆工程的同時，還兼賣土地公佛像。由於那時塑膠電鍍金泊的土地公佛像並不多見，為了打開市場，我就想了一個方法：首先請人裝成客戶，去各個有賣土地公的店家詢問：「請問你們有賣塑膠電鍍金泊的土地公佛像嗎？」一開始店家都說沒有，後來再派幾個人去多問幾次，問久了店家就覺得，這個東西好像很熱門，於是我再去銷售商品時，店家就有印象而訂購。

相同的，我也告訴我的員工，如果顧客問你商品，我們沒有的話，就要記錄下來，這非常重要。每個客人的需求都要重視，有需求面就有供給面，大家互取所需，才有錢賺。

另外，做生意不能光坐在店裡，等著客人上門，也要動腦筋，想點招數。所謂招數，不是見不得人的技倆或手段，而是要知道如何讓客戶注意到我們，就像我取名字的時候，「我家油漆」就是很好的例子，不僅容易上口又好記，這也是一種策略。

我去推銷油漆，也會有人來公司跟我推銷其他的產品，我覺得業務員來推銷產品，是第一手資訊，我不會阻擋，就讓他講，他們講得越多、越詳細，對我們也很有利，抱持開放的心胸，我們可以從中吸取許多資訊。像是直銷的產品，經過謹慎評估後，我也會買來試試。

我發現願意從事直銷的人都有一些特質，如積極向上、具有熱忱與無所畏懼。同時因為我自己也有經驗，在推銷總是有遇到碰壁的窘境，所以很能理解業務人員的辛苦，願意給他們一些機會。

做生意就是銷售，銷售最大的重點在「人的需求點」，只要你懂得客戶的需求，找出他們認為值得購買的原因，那就成功了一半。

由小看大，由大看小
的待人處事哲理

在「看人」時，你是怎麼看的？是從對方的鼻子、眼睛，還是嘴巴先開始？

我並不是從對方有沒有魚尾紋，或是看他鬍子有沒有刮乾淨？而是將他放在我的心上來看，怎麼說呢？

我有一個座右銘「由小看大、由大看小」！

假設我今天去拜訪朋友，而他又是一間大公司的老闆，在拜訪他之前，我第一個見到的不是他，而是門口的保全或是守衛。以一間公司來說，

守衛的職位不算高，但卻是公司第一道關卡。你如果將守衛看得很「大」，待他有如自己認識的人，客氣的說：「你好，我是你老闆的朋友，跟他有約，可以幫我通知他嗎？」

你以禮待他，對方感到他被重視，這名守衛也會以禮相待，甚至你在下次來的時候，因為你將他看得很「大」，讓他感到貼心，他待你如同你待他，你也獲得尊重。

但是如果沒有以小看大，到了現場，就擺架子，拿出一副高高在上的姿態，囂張說：「我是你老闆的朋友，我要進去！」以他的職責，他是可以將你攔住，會覺得你跟老闆認識是你的事，他有他的職責，不管以後你來多少次，他都一副公事公辦的態度，待你也冷冰冰的。

不要因為人家的職位不如你，就覺得他很「小」，要看「大」，看「重」他。

而「由大看小」也可以看出你的高度，假設你去應徵，到了最後的關卡，由裡頭的高階主管，甚至是董事長跟你碰面，你會抱著什麼樣的態度？

主管級以上的職位算是吃重，但是，在這個時候，你不要因為他的職位而感到不自在或是扭捏，只要將他當作一位值得敬重的長輩，尊敬、客氣，也要記得從容，不管對方問你什麼問題，你只要自然而然回答，不要因為他的身分困住了你，「由大看小」就是這個道理。

　　我在看人的時候，都一視同仁，不論對方的身分或是社會上的地位有多高，我跟他接觸，並非想從他身上得到好處，就算所謂職位低的人，我也重視他，願意和他維持良好的關係，不管他在社會上的職位，我由小看大，也不影響我跟對方的關係。

> **將人都放到同個高度，自然的對待，
> 跟任何人相處，你都可以從容。**

You can't calm the storm, so stop trying. What you can do is calm yourself. The storm will pass.

你無法阻止暴風雨,所以別再勉強嘗試。你能做的是平靜自己,風暴自會遠離。

～ 以色列作家 提伯・霍奇
Timber Hawkeye

2-3 打造自我品牌

「我家油漆」打出名號，在市場上立有一席之地，提到油漆時，就會想到讓「我家」來為我家服務，這不是很棒嗎？

但是在讓客戶願意找上「我家」之前，「我家」也要有個形象出來，客戶才會上門，品牌代表一個公司的形象，顧客也會因為形象而找上我們。

就跟相親一樣，這個人內涵到底怎麼樣？一開始無法知道，如果能在第一時間，給對方良好的印象，對後來的交往就有幫助。

那麼，「我家油漆」又是利用哪些行銷方法，打造自我品牌呢？

首創以牆面換漆面的雙贏品牌廣告法

「專業技術」是打造品牌很重要的基石，尤其是我自己從學徒開始做起，對於油漆的特性都很瞭解，每一個細節都很注意，同時我也會自行調配油漆的顏色。「我家油漆」從一開始，在油漆桶上我都會貼上「中泰」的標籤，打自我品牌。

透過我的雙手，為每桶油漆注入心力，同時也很堅持原料，一點一滴地在塗料界累積了良好信譽與評價。我知道要有良好的形象，不只是光貼上看得見的標籤，看不見的品質也很重要，想

要建立人家看得到的形象,就必須在看不到的地方,注入更多的心力。

在公司逐漸壯大之後,更要懂得深耕,「我家」不僅紮實並穩固技術與品質的基礎,甚至提供優質、精確、到位的服務,我們站在客戶的立場,為客戶著想,從客戶的立場去思考他們的所需,提供服務。

「我家」用心在每個細節,不敢辜負客戶對我們的期盼,讓「我家」真正和我家結合,同時透過這些色彩,為人們的居家生活空間,注入更多人文與美學元素,陪伴客戶創造豐富人生!

除了自己要好好做事,想要讓不知道「我家」的客戶,知道我們、認識我們,進而找上我們,當然還要靠不同的方式。因為他沒有和我們接觸,又怎麼會知道我們的好呢?

那麼,要怎麼做呢?就必須要透過「廣告」,來讓不認識「我家」的人認識「我家」。有人就說這是廣告公司企劃人員才有的思維,我並不這樣覺得,只要有心,並且懂得動腦,就能開創機會。像我就曾經利用自

己的油漆，替自己找到曝光的機會。

一般油漆工只會去漆油漆，漆完就離開，並沒在意其他的事情。但有一次，我去漆一個透天厝的三角窗，看了一下這棟屋子，就主動跟屋主開口：「我幫你免費漆外牆，你讓我寫字好不好？」屋主聽了很高興，這對他沒有損失的事情，而且又是額外服務，他當然說好。於是我就在外牆寫上「我家油漆」的廣告，做了免費的廣告行銷。

那時沒有承租外牆廣告的概念，我利用這個方法，漆了好多棟屋子的外牆，讓「我家」這個品牌曝光。經過風吹雨打，難免有一點褪色，但是你還是看得到它存在，經過多少年都不會不見，除非這棟房子改建了。

你可能曾經在報紙看到不錯的東西介紹，但是常常回頭去找，可能就看不到了，但是外牆一直都在，這廣告也不會不見。一定要讓人家知道你、了解你並明白你在做什麼，才有機會掌握到新客戶。

比消費者更要求的工作態度

不論是新成屋,還是舊住宅,裝潢完成後,客戶首先看到的就是牆壁粉刷油漆的細緻度。雖然說「人不可貌相」,但是美好的外貌還是人人想要。房子的外觀就像一個人的長相,如果是白泡泡幼綿綿的肌膚,自然人人稱讚,因此,我們總是很用心在每一個案件上。

話說,我有一個客戶在賣房子,他每次賣房子時,沒有說自己房子建材用的好不好,反而說自己的油漆很好,讓我覺得很光榮。

有句話說:「細節總藏在魔鬼裡」,裝潢的

細節有很多，油漆就是其中一項。一般建商要去收款時，客戶一定會挑毛病，看看哪裡裝潢不好，如果驗收完成就要進行付款，豪爽一點的客戶會很快掏錢，但通常也會挑出一些小瑕疵，來拖延付款。

　　假設現在有 A、B 兩個油漆商，A 的品質好一點，一戶要貴個幾千塊，但是有些建商就為了省下一些錢，結果找了品質不好的 B。結果，B 的油漆因為粉刷的品質不好，被客戶挑出瑕疵，因此又要再請油漆工來重漆，最後延遲了客戶交屋。這樣一來一往，可能就差了一個星期的時間，結果延誤客戶銀行撥款，建商也可能因此跳票，搞垮自己。所以一定要慎選油漆商，不要讓油漆成為壓垮駱駝的最後一根稻草。

　　每次我要求油漆師傅，請他們在某些細節注意，他們都會疑惑，業主又沒有要求，我們為什麼要這麼費功？但是因為我自己在從事這一行，對油漆相當瞭解，知道什麼地方最容易被忽略。對我個人來說，是絕對不容一絲馬虎。

　　就像煮菜一樣，自己當過廚師，因為自己會煮，煮

過的東西，知道該是什麼味道，去餐廳也知道好吃不好吃。如果廚藝不到位，又怎麼端給客人吃呢？如果明明知道該在什麼細節上用心，卻沒有做到，那豈不是違背了做事的原則？不僅對不起客人，也對不起自己。

　　做事要認真，在各行各業都是。很多人問我為什麼那麼認真，油漆塗在牆上，看起來不是都差不多嗎？但用在室外的水泥漆和室內的水泥漆就有不同，你能說一樣嗎？中國人為什麼被稱為「差不多先生」，就是因為這個觀念。

> **就算只是差「一點」，也是有所差異，有差別就是有差別，而不是看不到就算了。**

　　工作就是不能這樣，還是要秉持著良心做事，做最大的努力。說我傻也好、笨也罷，也許就是因為這種傻勁，我才會堅持下去，至少我問心無愧。

　　人在做，天在看，問心無愧，如此而已。

我家油漆，為你重新上色人生的風景

家的外表，藏著家的溫度。

家，不只是遮風避雨的地方，更是心靈歸處。而家的第一印象，往往來自那一面牆。

我在台灣土生土長，這座被海環繞的島嶼，四季潮濕，是孕育生命的溫床，也對建築的耐久度提出更高考驗。許多老屋、社區大樓外牆貼著磁磚，日復一日歷經日曬雨淋，潮氣滲入、溫差變化，往往造成磁磚剝落、變色甚至掉落危機。要更換或清理磁磚，不只費時費力，還涉及搬運、施工安全與鄰里關係等諸多環節。

正因為深知這塊土地的氣候與生活脈絡，我開始推動外牆「拉皮工程」，以高防水、高附著力的塗料取代磁磚面，不僅提升房屋安全性與外觀質感，更減少日後維修成本。

我們不只是幫房子「穿上新衣」，更希望讓每個辛勤的人，工作一整天回來，轉身看見家的美，會發現——原來，一天的努力，都值得了。那不只是家的外表，更是生活的體面與心靈的慰藉。

我們深知外牆不只是建築的一層保護，更是家的門面與價值的象徵。不論是高樓大廈，或巷弄裡的民宅，我們都致力於透過外牆拉皮與舊屋翻新，將老舊磁磚改為質感塗料表面，替房屋重塑風貌、提升整體價值。

這不是單純的「粉刷」，而是一種再造的藝術。每一筆塗抹，都是對細節的堅持；每一次翻新，都是對居住者生活品質的回應。我們相信，當一整天的忙碌結束，遠遠望見屬於自己、煥然一新的家，那一刻的心安與自豪，是無可取代的。

這也是我的一份使命，用心為你漆出家的樣子。

你若欲成功來聽老蘇講

【因果回流】

　　一間公司或是店家是不是能夠成功,是有跡可循的,而這個「痕跡」可能很早以前就留下來了。

　　從事我們這一行的,以包工程為主,我記得很久之前,有一位工頭曾經問我,如果手上的工程做完了,接下來沒工作怎麼辦?當時他一副苦瓜臉,非常憂愁。我知道身為工頭的他,要帶底下的人,加上又要過年了,自然就會顯得有點焦慮。

　　我安慰他不要緊張,等手上的工作做完,再找就好了,他雖然不太相信,但是手上的工作做完之後,又有新的進來,甚至一直做到過年後,他所提出來的問題並沒有發生。

只要我們平常做好自己該做的事，建立起良好的信譽、信用，就不用做無謂的憂慮。

前陣子我去爬山，山上有很多商店及攤位，有的店家就很熱鬧，很多遊客都跟這間店的老闆買，有的就零零星星、門口羅雀。若要說是「緣分」，不如推溯到更早之前。

如果一間商店平時就很早開門，或是看到人笑臉迎人，或是看到爬山的人累了，先主動送上一杯開水，那個人就算當下沒有消費，等他下山時，見到這個老闆，會想起老闆的「好」，之後就有可能跟他買東西。

等到下次，這個爬山的人帶著他的朋友過來，就會跟人家介紹這間老闆很熱情，服務很好，無形當中，就讓人建立這間店家很好的印象，購買這間店裡的商品的機率就大大提高。也就是一個人如果平常就持之以恆努力工作，可能是對客人的服務，或是童叟無欺，信用良好，做出口碑，當人們知道他的「好」之後，就會主動來找他。

當你之前種了很多的「因」，後面就會有「果」。「因」就是我們做好自己的事，像是笑臉對人及真誠待客，之後客人再度回流，這就是「果」。所以你擔心自己會不會有工作時，不妨想想，自己在工作的時候，有沒有盡心？如果你平常就無愧於心，等到後面，想要找你的人就會出現。

Chapter 3

從「滴色」分子到「知識」分子

　　創辦雜誌，讓我從一個調色的油漆業者，轉變成為一位傳遞知識的雜誌創辦人，使我領略了另外一種人生的風景。

Great leaders find ways to connect with their people and help them fulfill their potential

偉大的領導者會找到凝聚大家的方法,並協助所有人發揮潛能。

～ 領導力專家 約翰・麥斯威爾
John Maxwell

3-1

創辦雜誌

人生真的很奇妙,最有趣的就是,你永遠不知道下一秒會有什麼際遇?明天又會變成什麼模樣?每一步都充滿驚奇。

年輕時,從沒有想過自己會成為一位「媒體人」。

生長於台灣農村的我,大多數時間都在出體力與勞力,因緣巧合之下,接受了創辦雜誌的使命,開始要長時間花腦力。

這次的機會變成我人生的轉捩點之一,使我由「滴色」分子真正跨足到「知識」分子的領域,也讓我能夠將油漆的色彩,利用文字傳遞給更多人知道。

一份使命感，雜誌誕生了

70年代，政府職業訓練中心開始有了塗裝科，當時國內引進一些國外的技術，日本、德國等也開始派人來台灣交流，並提供各種材料清單，讓各公司機關的採購依照清單來找材料。但是這些都是比較特殊的材料，所以一般的塗料行並沒有這些特殊產品，採購上有很大的困難度。

我很重視客戶的需求，希望盡可能的滿足他們。當客戶提出需求，而且不只一位，對供給端來說，就是一種商機，我看到這種現象，就決定為這些客戶服務。

我費了很多心力去尋找這些特殊的材料，其中也遇到一些難題，有些材料需要從國外進口，但是遍尋不到進口的管道，我就去請教職訓中心的老師們，他們多少會與國外的一些塗料製造廠商聯繫，也因此與職訓中心訓練師有更多的接觸。

到了民國 75 年，基於塗裝人的一種「使命感」，希望為塗裝業保留知識的寶庫，我和六位志同道合的好友們，共同成立了「塗料與塗裝技術雜誌社」。當時辦雜誌必須具備大學文憑，因此我們六位，每人投資七萬，一共四十二萬，請具有大學教師文憑的吳冠賢先生擔當發行人，於那年的 9 月 28 日正式創社。

這份「使命感」把我引領到了一個完全不同的世界。「使命感」不再是只為自己，而是為整個產業盡一分心力，將他們帶領到更美好的地步。就像一些國際義診的醫生，如果沒有「使命感」，他們怎麼能在自己的崗位上堅持奉獻下去呢？

我沒有辦法像救命的醫生那麼偉大，但是我知道，用我的知識及專業，能讓人類更美好，那為什麼要吝於

貢獻自己的能力呢？不管在哪個行業，我認為「使命感」都會是最好的動力，它比「熱情」的境界還要高，會讓人願意為它努力奉獻。

傳統教育總是教我們安分守己、做好份內的事就可以了，我以前也是如此，但隨著自己學的越來越多，總覺得還有很多事可以做，可以付出更多，這時候就需要有勇於冒險及突破現狀的精神，所以我挑戰自我，又做出一番不同的事出來。如果我們有一份人生的「使命感」並且了解方向，就更能夠清楚人生的價值。

有一次在一場演講中，台上的講師滿腔熱血的說：「基於自己的使命感，如果我有能力做，能讓這個社會變得更好，我當然要去做！」這位老師無意中講出的這段話，其實也是我所想的。

「使命感」這三個字看起來似乎很沉重，但是，卻是驅使我們正向成長的引擎。所以當我在追求自我實現時，正好有這個機會讓我發揮自己的「使命感」，我勇敢的選擇走向創辦雜誌這條路。

從做中學，
樂當雜誌社的長工

　　雜誌社成立之時，大家共同推舉我擔任雜誌社的社長，一來，是因為那時我擔任台中市塗料油漆商業同業公會理事長；二來，我也是塗料批發經銷商，去招攬廣告比較容易。

　　過去曾聽人說：如果要害一個人「五年」，就叫他去辦雜誌；要害一個人「一生」，就叫他去多娶幾個老婆！這個或許是玩笑話，但是這句話也顯示辦雜誌可不是一件簡單的事業。

　　著名學者梁實秋曾經在辦《新月》雜誌的時

侯說過：「辦雜誌是平常的事，哪個喜歡搖搖筆桿的人不想辦個雜誌？起初是人辦雜誌，後來是雜誌辦人，其中甘苦誰都曉得。」

當時還是戒嚴時期，報禁也尚未解除，別說辦雜誌，連聚會都得處處小心。由於出版業並非很發達，要辦一本專業的塗裝技術雜誌，更是非常艱辛的一件事。

說到這裡，或許大家心裡會想：「除了油漆企業，還要兼顧一間雜誌社，豈不是自己跳入火坑？」我覺得倒也不是，只是想要辦好這本帶著使命感的雜誌。

因此，雜誌社成立之後，我們就招募了各個部門的幹部，有編輯部、行銷業務部、美編部、廣告業務部等等。雖然我自己也投入不少心力，不但會親自跟作者邀稿，每一篇文稿也會自己做最後的校對審稿。校稿這個工作是相當傷眼力的，但是我還是本著「多做多得」的精神，每期都完成了使命。

這份工作做久了，現在只要一看到任何文稿，我的眼睛就像雷達一樣，可以自動掃描出哪裡有錯字，我都笑稱這是「職業病」了。

一開始,我對編輯雜誌也沒有多少概念,但是我始終相信「從做中學」是最好的學習方式。當一切不只是紙上談兵,而是實際的操作時,一定會發生許多意料之外的狀況,通常我都會先試著去面對問題,再想辦法解決問題,如果自己的經驗不足,就向有智慧及有經驗的智者請教。

我發現辦雜誌也像刷油漆一樣,有很多的細節都要謹慎與注意,如果只想求快,那麼就會「吃緊弄破碗」,造成「欲速則不達」的結果。

俗話說:「一回生,二回熟。」我認為只要有心,慢飛的鳥兒也能飛出一片屬於自己燦爛的天空。

人生不設限，
從油漆業跨足雜誌事業

有人問我：「你當了媒體人的角色，跟過往的工作有什麼不一樣嗎？」我覺得自己做不同工作的心態，都是抱持著一樣的「服務」精神，而辦雜誌也只是希望藉由搭建這個舞台，讓大家發光發熱。

雜誌不是設計衣裳，不是想要俐落的剪裁一刀落下就好，雜誌它是一個舞台，一旦搭建起來，唱戲的作家，與聽戲的讀者才是主角，因此必須了解社會需求，因應市場變化，才能創造佳績。

這本雜誌雖然後來停刊了，但是只要一提起塗裝雜誌，大家都會記得有這麼一本書，它的讀者遍及全國，也為台灣塗裝業界留下了歷史的見證。這一段經歷是我難以忘懷的經驗，所以非常希望藉由這個經驗分享，讓大家的人生開啟更多的可能性。

　　我只有國小畢業，就去做學徒，拿刷子的次數，比拿筆還多；刷過的牆，比寫過的紙還多，而我竟然辦起了雜誌，而且還辦到百期，真是不可思議。

　　雜誌和油漆，是截然不同的兩個行業，我跨足到跟我所學完全不同的領域，雖然雜誌的內容以塗料為主，跟我的專業有關，但是辦雜誌的甘苦，又是不同的感受，我很高興我做到了，也讓我發現到人生沒有什麼不可能的。

　　這讓我想到早年的暢銷書《汪洋中的一條船》，作者鄭豐喜先生出身在貧困的家庭，而且天生就雙足畸形萎縮，但他從不以此為限，努力奮發向上，攻讀中興法律系，最後成為一位教師。他的故事不僅被改編成電影《汪洋中的一條船》，也曾拍攝成電視劇。鄭豐喜先生

曾說：「雖然我的雙腳殘缺，但我的心是健全的。」

出生時沒有四肢的激勵作者力克‧胡哲告訴大家：「如果一個沒手沒腳的傢伙，也能在全世界最頂尖的海灘衝浪，那麼任何一件事對你都是可能的！」這兩位都不約而同的指出，他們的成就是因為自己不被現實因素所打敗。

> **不要畏懼眼前的高山，不要擔憂天降的雷雨，
> 人生難免會遇到艱難的時刻。**

如果你覺得自己沒有力量，那麼請看看我分享的這些故事，讓我們為生命一起努力，將充滿信心的音量調整到最大吧！

註：《塗料與塗裝技術雜誌》網站 http://www.coating-mag.com.tw/

Real joy comes not from ease or riches
or from the praise of men, but from
doing something worthwhile.

真正的快樂不是來自於舒適、財富或別人的讚賞，而是做了有意義的事。

～ 英國醫務傳教士 威爾弗雷德・格倫費爾
Wilfred Grenfell

3-2

領導管理

「沒有完美的個人,只有完美的團隊。」我相信每個人都有自己的優點,也有自己的缺點。

對於一個領導者來說,最重要的工作並不是緊盯著部屬的缺點,而是要欣賞他的優點,並且讓這個優點能夠發光與發熱,最好還能讓它發揮出來。

一個企業就像一個大家庭,而領導者就是大家長,想讓這個家庭走向康莊大道,端賴大家長如何帶領。我相信帶人要帶心,把他們都當作自己家人對待,家人也會為你著想。

市面上談領導管理的文章何其多,其中不乏許多專業的講師,不過我並不想跟大家講什麼大道理,只是將自己在工作上與員工們的互動過程與心得感想,分享給大家。

做好榜樣，
樹立公司文化

大約 20 幾年前，有一個老顧客總是從大老遠來我們的店買材料，有天我和他閒聊起來：「你怎麼大老遠的跑來這裡買材料？」他有點靦腆的說：「沒有啦！我就是看你每次都好用心服務，所以很放心來你這裡買東西。」

這位客人是騎機車來的，為了怕油漆翻落，我每次都會幫他把油漆桶綁得緊緊的，避免掉落。為什麼會有這樣的舉動呢？因為我自己以前騎機車時有過油漆桶摔落的經驗，所以一看到他

騎機車來載油漆,就會自然而然幫他防患於未然,避免我的重蹈覆轍。這種為他人著想的精神讓他很感動,所以再遠他也要來找我買油漆。

而這些舉動,是無法用 SOP 模組化,必須自動自發為顧客著想,才能創造動人的服務。所以與其將這些服務SOP,照著公式化的標準下去做,而沒有用「心」,還不如老闆以身作則,進而影響員工,才能真正強化大家的服務精神。

所以我非常注重做人處事,以及工作上的原則,並將它結合在一起。因此客人都會跟我的業務員講我的過去,業務就會想老闆都做這麼周到,我怎麼能亂做?才不會辜負老闆之前建立的口碑。

人的一言一行,就像一顆蒲公英的種子,你不知道它會吹向何方、飄向何處,最後落到哪一個人的心田裡。假使這是一顆「善」的種子,在別人的心田深根發芽,種下正向的力量,那不是很好嗎?這些力量發芽之後,有時候你也可以感受得到。

說到這,我要提一件很奇妙的事情。我是個很愛

學習的人,也常常鼓勵大家多去上一些課。有一次公司裡的員工去大學上行銷課,課堂上一位女士分享了一段「行銷與服務的心得」。

她說:「我是做服裝設計的,有一天我去一間店裡買油漆,當時雖然我買得很少,但是那間店的服務人員卻很貼心,不但為我包裝好一切,還教我怎麼使用。當時我很感動。

我問這位店員:『我買這麼一點小東西,你怎麼對我像是貴賓等級?』而這位店員滿臉笑容的告訴我:『這些本來就是該做的事情,每件事情都是由小而大,如果小的都做不好,那怎麼會有大的出現呢?』後來,我回到自己的服飾店,也將這樣的精神發揮在店裡,沒想到當我改變了心態,生意越來越興旺。」

當時這位員工好奇的問這位女士:「可以冒昧請問一下,這間店在哪呢?」

沒想到她說:「這間店是老字號了,就是『我家油漆』。」

這個員工一聽,馬上開口說:「原來如此,我正是

這間油漆店的員工呢！」

世上就有這麼巧的事，這位女士在說她的故事之前，也不知道這個員工就是「我家油漆」的員工，在不知情的狀況下，說了這個故事，也讓這個員工與有榮焉。可見人只要做好事、做好人，一定會遇到同樣的有心人。

試想，我還需要多費唇舌教導這些員工，關於服務熱誠這件事嗎？他自己已經親身體會。一個公司的服務人員，帶給客人的印象與影響是多麼深厚，就像那顆「蒲公英的種子」，已經飄散在每個角落。

當服務熱忱成為公司的風氣，就算是剛進來的員工，在公司同仁的耳濡目染之下，也會融入到整個企業文化，上行下效，即使不用開口教導，也會有良好的服務態度。

問自己是要當頭，
還是當腳的自然法則原理

好友林董事長問我：「如果遇到態度不佳的員工，該怎麼辦呢？」這種人我會替他感到惋惜，因為他在浪費生命。要知道，認真也是一天，不認真也是一天，同樣是要花時間待在公司上班，為什麼不努力多學習一些，讓自己更好呢？

時間是不等人的，你什麼都不學，原地踏步，人家在成長，你沒有往前，就是退步了。而時間又不可能重新來過，所以你可以運用的時間，就少了許多。就像當年我在當兵的時候，有些人很

會摸魚，叫他出公差做什麼事情就東摸摸、西摸摸，然後很擔心長官來巡視，就算他偷懶也會一直心思不定。

如果早點把該做的事情做好，就不用提心吊膽，心若踏實，根本不用擔心。自個兒不認真，反而搞得無法安心，這樣真的快樂嗎？所以我自己在當兵時，認真做事，班長及排長都特別喜歡我。

我就告訴林董事長：「制度是人訂的，總是有疏漏之處，如果要處處提防員工，那老闆肯定累死，所以我都是耳濡目染的方式。」林董事長好奇的問我：「耳濡目染的方式怎麼做呢？」

我說：「其實不難，所謂『耳濡』就是時常分享一些小故事，不要老是唸他或責罵他；『目染』就是以身作則，如果不想要上樑不正下樑歪，那就當個好榜樣。」

舉一個小故事，有一次，有一個員工一早來上班時就跟我說：「早安，老闆你真辛苦，昨天你那麼晚下班，今天還這麼早來公司開門。」於是我就問他；「一般我們就寢時，是腳先上床，還是頭先上床？從床上爬起來時，是頭先起來，還是腳先起來？」

他回答:「就寢時,是腳先上床,先去休息;起床時,是頭先起來,先去工作。」我又問他:「沒錯,所以你要當頭,還是當腳?」當頭的是「領導者」,必須先起來工作,當腳的就是「被帶領的」,通常早早回家休息。

員工聽懂了這個道理,猛點頭說:「難怪我不能當老闆,因為我沒有來開過門,也沒有關過門。」雖然沒有什麼嚴肅的內容,我也只是信手捻來一個例子,但在這個輕鬆的對話當中,他已經明白我的意思了。

我從學徒時代就養成規律的生活習慣,後來聽聞一個說法,覺得古人命名是有很深的道理的。清晨5點到7點,古代稱之為「卯」時,跟台語的發音「賺死了」相似,因此如果想要「卯得到」(台語),就要在7點以前起來工作或運動,才能夠有所收穫。

俗話說:「一日之計在於晨」,這段時光也是頭腦最清晰的時候,用來思考事情,或是制定計畫,是最好不過的了。所以我幾乎每天都7點以前就起床。

另外,誰能在晉升關卡中脫穎而出?就要看「戌」時(晚上七點到九點)怎麼利用?

每個人一天都有二十四小時，若分成三等份，每一等份八小時，平均來說，每個人上班工作八小時、睡覺八小時、吃飯休閒八小時。如果你跟一般人都是八小時在工作，成就自然大同小異，所以扣掉必須要休憩的時間外，利用其他瑣碎的八小時時間是非常寶貴。

可能你下班之後，有些事情不得不做，但總有些時間可以運用，你花個五分鐘到十分鐘讀英文，或是看些專業的書籍，久而久之，累積起來的成績也是很可觀的。甚至撥出休閒的時間，調整出一個完整的時段，好好去上課學習，學到的東西都是你自己的。

例如，兩個同樣是大學畢業的社會新鮮人，一個下班後會充實看書，去考取各種證照，善於利用自己的時間，為自己安排更好的學習成長空間與自我充實；另外一個下班就看看電視、上上網，要不然就提早睡覺，經過十年之後，兩個人的距離就差很多，遇到升遷機會，如果你是老闆，你會想調升哪一個人呢？

想知道一個人是否能成功，看他晚上七點到九點在做什麼就知道了。有充實的人勝出的機會自然高很多，因為他的能力增強了，最後的成就必然不同凡響。

Life isn't about finding yourself. Life is about creating yourself.

生命的價值,不在於發現自我,而是創造自我!

愛爾蘭劇作家 蕭伯納
~ Bernard Shaw

3-3 經營企業的理念

經營企業就像在打高爾夫，朝著目標一桿一桿的推進，如果遇到天時地利人和，「一桿進洞」是很棒的事，但大多數都是在草地上，向自己定好的目標前進，甚至中間還會遇到池塘或沙坑，這時就要想辦法跳過或繞遠路而行，目標還是可以抵達，只是晚了點時間罷了！

不用擔心永遠到不了目標，時間往前進，你也在前進的話，就一定可以到達終點，除非你像「龜兔賽跑」裡頭的兔子，跑去旁邊睡覺，要不然就算是烏龜，也可以到達終點。

希望透過以下的分享，對你（妳）的工作或人生有所幫助，就像我的成長過程中，別人對我的幫助一樣。

少年時走路到阿里山工作的領悟

民國 53 年 1 月 18 日晚上一陣天搖地動，發生了災情慘重的嘉南大地震，當時不僅民房毀損，連很多學校也都倒塌。因此為了災後重建，我到了阿里山上去工作。

記得那天我坐火車到奮起湖車站，已經是中午時分，隨便填飽肚子之後，就開始往山上走去。從車站走了約 1 個小時，還沒有抵達目的地，我開始不安，究竟是學校還在遙遠的山上？還是我走錯路了？如果我走錯路了，又要怎麼回到正確的路上？

我正在思索之際，這時候路過一戶人家，我站在外面，心想要不要進去問一下路？剛好那個學校的家長會會長下山辦完事，正準備要回去，看到我開口詢問，才發現原來我是要去他家附近的學校，他就順便帶領我跟他走，但走到太陽快下山，目的地還沒到，那時我心想若我沒去問路，這下子可能就在山上迷路，甚至遇到山難都說不定。

　　這個經驗，讓我領悟了兩件事：一、如果當初我沒有去問路，一定無法順利且快速到達目的地，所以我現在做事情都會多問一下，再三確認。事前寧願多問一點，也絕對比事後發生問題來得好。為什麼不先防範未然，亡羊才想要來補牢呢？你要事倍功半，還是事半功倍呢？

　　再來就是，那次的經驗，我總共走了3到4個小時才到，後來我若遇上爬山或到某個長途地點工作，假設是2小時的路程我都會想到之前4小時都走過了，那2小時就不算什麼，自然就不會膽怯或沒信心。山區不像平地，道路都很平坦，上坡的角度，會增加體力的負荷，

走一段路就該讓自己休息一下，你如果一直往前衝，到了目的地沒有力氣做事，那也是沒用。所以爬山也要有方法，評估自己的體力與能耐，才不會心生恐懼，而覺得爬山很累。就像我爬過玉山兩次後，爬其他山，也不會擔心害怕。

再來談談「經驗」，什麼叫做「經驗」？經驗有兩種，一個就是你做過了，而且成功，這是好的經驗；另外一種就是你做過了，卻失敗了，這是錯誤的「經驗」。大家都喜歡成功的經驗，而討厭失敗的經驗。在我看來，不論是成功或是失敗的經驗，只要是經驗，就可以指導你。想想看，同一件事，因為你第一次失敗，下一次再做的時候，就不會重蹈覆轍，反而會避開地雷，這不是很棒嗎？

不要輕忽任何一次經驗，不管它是成功或是失敗，重點是你有經驗，而且看到別人往你以前失敗過的道路上走，你還可以提醒他一下，拉他一把，引導他往正確的方向，所以只要你年輕時有經歷過，以後在人生的道路上都不用擔心。

我請過一個員工，他在公司時，只要工作完成之後，就會幫公司的環境布置一下，很喜歡東弄弄、西做做。有一次我很好奇的問他：「怎麼這些小手藝你都會呢？」他不假思索的說：「以前學校有上過工藝課，當時有做過，所以有些經驗，自然就會了。」

　　的確如此，就像我現在使用手機也是這樣，其實就是自己東摸摸、西摸摸就會了。我認為什麼都要去做、什麼都敢去嘗試，不要怕失敗。失敗並不可怕，重點是要去嘗試並且去做，你做的事情越多，學到的也就越多，不論是有形的或是無形的。

將車停遠一點是給人方便，
讓自己可走更遠的路

人人都想要有好處，但就要佔盡所有便宜嗎？有一次，我載著台北來的朋友去餐廳用餐，偌大的停車場裡沒有半台車。這時朋友興奮的說：「我們這麼早來，可占盡了地利之便，快停到餐廳門口前面那個位置吧！」

我在停車場入口，望著到處空空蕩蕩的停車位，若有所思的說：「我們這麼早到，時間還很充裕，可以慢慢走進餐廳，但是晚到的朋友，為了赴約，一分一秒都很珍貴，必須三步並作兩步

跑,所以把離餐廳最近的位置留給他們,好讓他們能夠更方便一點。」

朋友一聽,好奇的問:「這樣,我們不是要走比較遠的路?」我微笑著點點頭說:「沒錯!『給人方便,是讓自己走更遠的路』,而我這樣做正是為了讓自己走『更遠的路』。」

為什麼我要給自己找麻煩?對我來說,這一點路不算什麼,對其他人來說,這一點路所爭取的時間可能很重要,這是「同理心」,也是我一再說明的要替對方著想。

我或許得不到什麼,卻也沒有損失,別人可以獲得方便,何樂而不為?不用把所有的便宜及好處都佔盡,也要為別人想一想。這一點,也可以說是「同理心」的延伸。

基於此一認知,我建立了「誠信待人、實在做事」的原則,從一開始到現在,待人做事全都是同樣的道理,不僅得到客戶的肯定,也讓同業及朋友認同。

我在經營事業的時候,總是要求自己及員工要以顧

客的立場去思考，希望找出客戶真正的需求，盡心盡力的去完成客戶託付給我們的任務，才能真正獲得客戶的認同。

> 企業是要長久，不是短跑，
> 要跑得像馬拉松一樣長久，曇花一現是不能讓人懷念。

每個人都希望自己的事業能夠做得久、走的遠，但是你的眼光也要放得遠，不是只顧眼前，這是很重要的思維。

Chapter 4

人脈經營,「調合」社團生活

　　人生除了工作,人脈生活也是很重要,我除了會調色,也很會調和社團的生活,就來看看我怎麼把社團融入生活,彩繪出精彩的人生!

The only thing you can change is yourself, but often it is enough to change everything.

你唯一能改變的是你自己,但往往那就足以改變一切。

～ 美國作家 蓋瑞高斯坦
Gary Goldstein

4-1 加入社會團體

參加社會團體，就像舉辦一個 potluck party，每個人必須準備一道菜，一起共享，大家一下就可以嚐到各家的拿手好菜，讓派對更熱鬧！

我的拿手絕活就是「開胃菜」，用我幽默的笑話，炒熱氣氛、拉攏感情，大家馬上就熱絡了起來。

如何發揮自己的專長服務別人，也是我參加社會團體的目的。

其實，人就像不同的菜餚，每個人都很有內涵，你不去接觸，就不知道這個人的深度，可以從他身上學習多少。光是看起來漂亮是不夠的，必須要經過實際接觸，才知道他的特質與專長，而正是這樣的不同，才讓這個社會這麼多采多姿。

參加社團，讓路人成貴人

人是群居的動物，不可能離群索居，一個人即使居住在偏遠的地區，也免不了和附近的鄰居接觸，更何況是生活在都市中的人，因為工作關係，而和「人」緊密的連在一起。

跟人的交往，有好有壞，我們要保持良好的「關係」，儘量避免與人爭執與衝突，這並不是要你一昧迎合，跟每個人都是好朋友，那是不可能的。而是尋求「善緣」，抱持著正面想法和樂觀態度，自然能吸引跟你同類型的人。

離開校園，踏入職場後，人際關係變得更多

元,我們得開始自己去接觸人群,累積在工作相關的人脈,因此,加入社會團體就是很好的一種方式。尤其想要認識一些企業界的成功人士,或是來自各行各業的精英,這也是良好的管道之一。社團聚集了來自四面八方的人,個個臥虎藏龍,想要快速學習以及拓展人脈,就不能不加入社團。平常廣結善緣,當然也可以建立人脈,只是效率問題而已,加入社團可以讓人縮短更多時間。

如果沒有加入社團,想接觸社會人士或各個產業的菁英,其實並不容易。例如:我想認識郭台銘,一直找不到一個適當的敲門磚。但如果我加入郭台銘也有參與的社團,那麼要找他就有辦法了,即使接觸不到本人,也可以接觸到跟他周圍有關係的人,找到郭台銘的機會也就大了,所以藉由參與社團活動,進而與他結識。

有一次,我去基隆參加年會,吃早餐的時候,有一對夫妻坐我旁邊,我就和他們聊起來。他們是開早餐店的,我在聊天的過程,就把我的觀念告訴他們,一開始他們也很疑惑,但是我告訴他們,加入社團不一定是

要做生意，但是能夠認識你想認識的人，那也是一種收穫。一開始不要想太多，這就像是一個階梯，慢慢上去，有努力付出，沒有憑空得來的。後來在其他社團活動中常常看到他們，他們看到我也很高興，代表他們也認同我的觀念。

「人脈」在平常就要累積，認識這些人，也不代表你們就有利害關係。你必須要想著：「怎麼讓這些認識的朋友，因為你而過得更好？」一個圓滿的人際關係，是思考如何讓別人因為你而發光發熱。有了正確的觀念，進入社團後，就更容易交到朋友，進而串起人脈。

會參加社團的人，通常也比較積極與熱情，如果你對參加社團很有興趣，卻又擔心進了社團，不知道怎麼去認識人，那就讓那些人來認識你吧！只要你在對方上前的時候，敞開心胸多與他們互動，就可以認識到不同的人，你的人生也會有不同的驚奇。

擔任社團幹部、會長的寶貴經驗

　　我覺得在服務社團當中，自然會有所收穫，如果會長請你當理事、監事，或各個部門的人選，這除了是對你個人能力的肯定之外，同時還能夠學習處理各種事務，獲得更多經驗。進入社團之後，就要投入心力，擔任幹部，更要明白自己的責任所在。

　　只有歷經不同的挑戰，才更可以知道自己的能力可以發揮到那裡，不要怕挑戰，有挑戰才會有進步。

　　就以我自己為例，曾經於台中市國際工商經

營研究社（簡稱台中 IMC）第廿屆左右加入，長達 4 到 5 年的時間，當時事業正在起步，所以參加例會的次數並不多。

當時社裡有規定，一年沒參加九次以上例會，不能參與理事的提名，所以一直沒有進入理事服務團隊，導致比較無法投入社裡的活動，對社裡的一些核心價值及優點也沒搞清楚，最後，有一年因為沒主動參與也沒有人來催促繼續參加，就這樣離開台中社，失去了學習的機會。

經過一段很長的時間，時任第 43 屆社長張良鎰，邀我再度回來台中 IMC 大家庭，第 47 屆王清財社長邀我加入理事團隊，並接下經營研究理事的工作，有了這個任務，漸漸瞭解這個社團的一些運作模式。

後來，第 48 屆林維濯社長，再度指派我當 48 屆的工商觀摩理事，我也認真的將這一份工作盡力達成，規劃了多家的工廠實地參訪，社友也都情義相挺，每次參訪人數都爆滿，非常感恩大家的熱烈參與，從中我自己也學習到很多。

有了這個經驗，我發現社團也像學校一樣，會員都像是同學，大家要一起「經營」才有革命情感，也會成為一種事業共同體的感覺，因為大家都在共同成長。

「取之於社會，用之於社會。」在參與社團活動的過程中，雖有犧牲奉獻，投注了不少精力和心血，但我抱持著與人結緣的理念，積極的投入社團活動，幫助需要幫助的人，不求回饋。畢竟我們加入社團的初衷，不只希望別人可以幫助我們什麼？而是我們可以憑著自己的力量，為其他人服務。所以，多做一點也無所謂。

此一理念也深受許多好友的認同與支持，因此，常常有人推舉我擔任各社團幹部或會長，如台中市塗料油漆商業同業公會第13-14屆理事長、台灣省塗料油漆商業同業公會聯合會理事長、台中市東區獅子會1986-1987會長、國際獅子會300C1區分區主席、專區主席、專案主委……等。當然，我都是很認真的，所以就連會長致詞這樣的演講稿，我都自己來，不假手他人。

一直以來，我都是希望能藉由個人的努力與付出，和團體共同成長，向社團裡頂尖人士學習成功的典範，

督促自己，期許自己變得更好，同時也期許自己多結識來自四面八方，在個人領域有所成就的好朋友，讓我拓展視野，看到更多不同的事物。此外，也希望集合不同領域的力量，共同成就更燦爛的事業，除了讓事業推向顛鋒，同時藉一己之力，回饋國家社會，這就是我衷心的期望。

> **在社團服務時，不一定是利己為出發點，**
> **有時也必須站在別人的立場去著想，才能創造雙贏的局面。**

記得大約在民國 85 年，「木易楊」設計公司的張明淞先生連續四屆成為精明一街的主委，後來，名店協會成立時，他擔任理事長，我則是他的秘書長。「台中名店協會」從幾家店開始拓展，結合了大台中的食衣住行各行業的聚會平台，成為一個完整的商業聯盟。

他曾經說過：「我雖然意志力很堅強，但是個性比較強烈，而蘇董事長不會跟人衝突，所以我有抱負，就邀請蘇董事長全力來推動。目前這個會在全台灣可說是

唯一,是非常前衛的商業團體,蘇董事長功不可沒。」

人就是這樣,你幫忙他,他就幫忙你。在社團裡,大家就像在疊羅漢,你一個人也可以表現突出,但是藉由眾人的力量,可以使大家更美好。不論你是位於哪個角色,都應該盡心盡力。你所擔任的這個角色也許很大、也許很小,但在社團裡頭,都是不可或缺的。

不論你在什麼位置上,不要輕忽了自己的角色。有一些社團的助理都不願意付出,做事態度很隨便,我覺得這樣很可惜,他們並不知道自己在做的事情,正是讓一個社團運作可以流暢的重要關鍵,也許沒有上台演講、主持,但在其位就司其職,認真做好自己的工作。如果工作做得好,不論是會長,或是社團裡的每個成員印象自然好,當你想要有更好的發展,也不怕找不到更好的工作。

我一直告訴其他人:「年輕的時候不要一直計較錢,才能得到經驗。」錢怎麼賺都有,而經驗卻是不再,尤其是難得的經驗,例如擔任要職,能夠學到在職位上特殊的經驗,錯過的話,將永遠失去。

社團人才濟濟，是資源寶庫

　　除了工商團體的社團，我對於自己的宗親會也非常積極參與。蘇周連姓各宗長在世界各地的成就非凡，不但事業上經營有聲有色，在各地華僑界，都是首屈一指大企業家，更是熱心服務社會、關懷弱勢團體，協助就學、就業，或興建當地學校的善心人士，為了下一代的教育付出。

　　這些善舉都是晚輩學習的榜樣，有幸成為蘇家的一分子，服務宗親家族是莫大的榮幸，而參與宗親的這些盛事，也讓我體會善人有善報、付出就有收穫的道理。

我也多次參加「蘇周連宗親會總會」在大陸地區舉行的祭祖活動，例如廈門同安、陝西、西安武功及福州宗親會籌備會及成立大會，第一屆蘇氏文化論壇同樣沒有缺席。

其中，我與福州蘇談成宗親的這個緣份更是值得一提。2010 年，談成兄從福州來台中拜訪我，他在福州水力發電事業很有成就，並一再邀約小弟我前往，為了一圓學習之夢，在 2011 年 5 月 18 日利用福州貿易交流會活動展出本公司的外牆塗料產品，就伺機拜訪談成兄的公司，瞭解到他發展事業的過程與經驗。

尤其是他談到要賺發財的大錢，必須要先考慮到「發」（花的諧音）錢的重要，所以他是一個大善人，捐錢給家鄉的宗親會及大力支持各項需要幫助的地方建設，因為「有捨才有得」是發財的大道理。

後來我接任總會會長職務，除了感謝全省各地的理事長及宗長的支持外，更感謝這些年來能在蘇信吉總會長身邊學習，他從小因向別人借了 29 元作為學費的故事與後來「感恩回饋」成立全省宗親子女教育獎學金，

平常也一直不斷做善事幫助貧苦弱勢族群。有幸能獲得信吉兄的提拔接任第三屆總會長職務，也要感謝擔任首屆總會長的蘇萬發宗長，辛苦成立本會；同時蘇克福宗長一直在幕後擔任與世界各地宗長聯繫的重要工作；而擔任兩屆秘書長的清煌宗長同樣功不可沒。

「蘇周連宗親會總會」有這樣的成果，都是之前諸位宗長打下的基礎，我在對外擴展會務時，更深刻感受到有一個穩固的後盾。

此外，我喜歡在社團裡面扮演著甘草的角色，讓大家充滿快樂，因此常常用活潑生動的廣告詞，加深別人的印象，經由一次介紹之後，大家就記得了。

有一位認識多年的法律顧問劉喜表示：「蘇董擔任蘇周連宗祠，蘇氏宗親會理事長，都很熱情去邀請所有理監事上任，並結合各種不同職業的人。和大陸的宗親會交流也很頻繁，而且他隨時說出笑話，幾乎不重複，我擔任他們的法律顧問也覺得很愉快。」

社團就像一個寶庫，有無窮無盡的資源可以運用，不管是有形的還是無形的。和社團的人認識，擴充自己的人脈，他們可以在你想不到的時候協助你，你也可以

隨時提供資源給這些人。透過社團，不論是發展自己的事業，或是開拓自己的眼界，都是很好的方式。

像我的保全是交由賴政弘先生的公司所負責，他也是在社團中認識的，我平常在社團中觀察他的為人，發現他認真負責的態度很不錯，所以有一次他來公司拜訪，我就將公司安全交給他來服務。

我參加的許多社團都是人才濟濟，不但是業界精英，更是年輕人學習創業、經營事業的典範。例如台中 IMC 第 49 屆劉燕飛社長就是一位成功的企業家，他做人誠懇，對事負責，擔任社長的期間，幾乎都將他的事業放下，全心投入在社務上，讓台中社更加朝氣蓬勃。而第 50 屆李孝賢社長則是鞋業大老闆，從事外銷貿易，在社裡的歷練深厚，我也從中學習到許多，也對社務真正的核心價值更加明白。

能在優質社團中成長，除了感謝每個社團的社友及社友夫人外，更要感恩歷屆社長及理事團隊的用心經營及文化傳承，提供這麼好的學習環境，讓大家可以共同學習與修養心性，讓我每年都是豐富又豐收，這些對我來說，這些都是我最寶貴的資源。

When something is important enough, you do it even if the odds are not in your favor.

如果一件事情很重要,就算機會不站在你這邊,你也要去做。

～ X公司 伊隆馬斯克
Elon Reeve Musk

4-2 人脈經營哲學

　　氣勢磅礡的交響樂,聽起來有如萬馬奔騰般浩大。這樣一曲撼動人心的音樂,當然不是一人就能獨奏而成,而是由小提琴、長笛、鋼琴、大鼓……各種樂器合力演奏。

　　因此,在一個樂團裡,除了每個人都要練好自己的部分,也要注意別人的音樂,才不會亂了調。

　　在這個大千世界裡,我們就像是在一個交響樂團,唯有互相合作,才能和諧的譜出美妙的生命樂章。

為人處事,樂當第十八頭牛

該怎麼建立待人處事的原則呢?

有一則故事,一個員外在分家產時,把所有財產都分好了,剩下了十七頭牛,他表示:這些牛的分配方式是大兒子可以分到 1/2 的數量,二兒子分 1/3,小兒子分 1/9。

問題來了,十七頭牛的 1/2 或 1/3 或 1/9 皆不能均分,怎麼辦呢?

後來,這有智慧的員外去跟鄰居借一頭牛來,十七頭牛加上鄰居的一頭牛,共十八條牛,大兒子應分得的是 1/2,等於九條牛;二兒子應

分得 1/3，是六條牛；小兒子應得的 1/9，是二條牛。三兄弟所分得的是九條、六條、二條，正好是父親給他們的十七條牛，一頭也不多，一頭也不少。

至於剩下了隔壁的那一條牛，三兄弟又把這條牛還給鄰居，鄰居絲毫沒有損失，反而替三兄弟解決了這個問題。

這個故事有很多意義，我們若以鄰居的角度來看，借一頭牛給別人，自己並不會有損失，還能讓事情圓滿。所以去聽一場行銷會、座談會，或是加入社團，付出心力，用自己的力量幫助他人，也不會有所損失。你每到一個場所，就應該以第十八頭牛的精神自居。

自古以來人們就特別推崇有靈性的牛，牠象徵著勤儉、打拚、願意奉獻的精神，而我也很崇敬「牛的精神」，凡事用道德、良心和人情義理為準則，不必比較、計較，事情自然能圓滿解決。如果這個社會要好，絕對沒有捷徑，就是需要大家重拾「牛的精神」而已。

我也常自喻自己是一頭牛，「只問耕耘，不問收穫。」對我而言，平常參與各種活動有收穫固然可喜，

但是在參與的過程中,所經歷的人、事、物,以及種種的歷程,都是一種嶄新的經驗,都是一種學習與收穫。

> 「參與,就是最大的收穫。」
> 結果很重要,但沒有中間的過程,又怎麼到達終點?

年輕時做會長,體會尊重的重要

三十九歲時,我擔任獅子會會長,因年紀輕輕就擔任會長,有些人會看不起我,不過還是有些人把我當貴賓,對我很尊敬。

過了幾年,我發現一個很重要的現象,那些不懂尊重他人的人,事業逐漸走下坡;而那些懂得尊重的人,事業越做越大。可見待人接物很重要,因為你重視這個朋友,才會注意細節與禮節。

生活小細節上,我不會遲到,並會穿得整齊赴約,這絕非我愛慕虛榮,而是對別人的一種尊

敬。就像年輕人去面試，如果對這份工作很看重，就會非常謹慎，不僅不會遲到，為了給主管一個良好的印象，也會在衣著上面打扮體面，讓人看了覺得舒適，這也是一種尊重。

很多人都輕忽了「態度」。現在工作上多是眼高手低的人，待人處事則是把自己的眼睛擺到頭上，以自我為中心，以為自己很厲害，不懂得為其他人著想。也許當下覺得自己很厲害，但對自己並沒有什麼助益。做事如此、做人亦如此。

> **態度決定你的高度。**
> **一個人未來的發展，取決於現在的態度。**

你的態度積極良好，做事認真負責，懂得尊重他人，這些最後都會回饋到你身上，就像迴力鏢，出去什麼，就回來什麼，就像因果，時間早晚而已。

正確的態度可以讓別人看得起你，有些人並不覺得當下自己有什麼不妥，指正他還覺得囉嗦。其實應該感

謝那些願意指導的人，當對方明確的指出疏失，我們就應該反省，然後求進步。

　　一個人想要在社會上長久立足，最重要的就是「態度」，態度良好，人家必然樂意指導你，讓你進步更快，同時也願意給你更多方便，不論未來想要做什麼事，都能夠順利；態度不好，人家自然不予理會，其他就更不用提了。

當兵時化解糾紛，和樂向善

當你面對困難，你會怎麼辦？不理它？轉身離開？還是換個方式想想看？假設你在路上看到狗，會怎麼做？你越怕牠，牠越會跑過來咬你；如果你不怕牠，蹲下來，牠反而會跑掉。任何事情也是一樣，遇到時，先靜下心，好好想一想，不必急於一時。

我發現這也很適用在人際溝通上面，我們在遇到問題之後，就會開始進行溝通協調，假如溝通不良，就會產生各自表達的狀況，而這些都是

因為考慮自己的利害關係而各說各話。

而在之前我的日常生活中,在一些溝通處理態度與方式上,當遇到對方態度強硬、拒絕或不願溝通時,都不會再勉強對方,美其名是「順其自然」,事實上是因為對方還聽不進我說的話,我如果再堅持,說不一定能讓事情完成。

因此,以後再遇到同樣的問題,可以換個方式。對方之所以拒絕或不同意,可能是我們沒有說清楚或者對方聽不清楚、不明白我們的原意,進而產生誤解而拒絕。如果遇到這樣的狀況,其實不用當下就以為對方不願意接受我們,我們可以繼續試著與對方溝通,但前題是我們表達要夠明確,說些對方能明白的話。

溝通之所以不良,或是對方跟我們的意見相反,有的時候,是因為對方並沒有全盤了解我們的意思。如果對方明白我們正確的意思,就能夠達成共識,減少誤會,有利於接下來的互動與溝通。

學習到這個方法之後,我如果再遇到溝通不良,或是未達到預期的結果時,就會靜下心來,重新思考,是

不是哪個環節讓對方不瞭解，甚至是誤解我的意思，我必須再重新解釋，讓對方清楚而明白我的原意，轉而支持自己的想法，相信有這樣的耐心而且準確的溝通，對事情的掌控都會有很好的結果。

　　我在金門當兵的日子生活是很單調的，記得有次一位新兵來跟我抱怨：「我實在很討厭某某某。」聽到他這樣說，我就問他：「你住在哪？」這位新兵一頭霧水的說：「我住高雄。我再問他：「那你知道那個某某某住哪嗎？」這位新兵搖了搖頭。我告訴他：「他啊！住台北！你看看你們多有緣份，在台灣一南一北，平時不可能遇到，卻在金門一起當兵，不是很有緣份嗎？」那個新兵一聽好像有點道理，心情也就好多了。

　　我就像張老師一樣，很喜歡幫忙化解衝突，就連班長也曾經被我「輔導」過。有一位班長特別操練一位新兵，這位新兵跑來跟我抱怨投訴並揚言要報復班長，我特別找了個機會對新兵說：「你就可憐他從那麼遠的地方來，一個人孤孤單單的，你有家有業，他沒有半樣，幹麼跟他計較？」也許是覺得我說的也有點道理，就沒有再萌生報復的想法了。

人與人之間難免有些衝突，有些事情不過是觀念，或是看法不同，只要將你的觀念，正確傳達到對方身上，就可以避免很多爭執。再者，有些不過是各人看法不同，既然沒有礙到你，又何必爭得臉紅脖子粗呢？

> **人與人之間的是非，不過是見解不同而造成的，只要彼此各退一步，就沒有那麼多的爭端發生了。**

　　說實在的，你沒辦法要求每個人想的都跟你一樣，何必因為那點不滿，而讓自己不開心呢？搞不好人家轉個身，就忘了這件事，只剩下你還氣呼呼的。

　　凡事只要看開一點，人際關係有時候不要太計較，是非都是自己生出來的。我常常幫人家「喬」事情，只要幾句話，能夠化開心中的不滿與誤會，我也很樂意排解。以「善」為出發，我相信對方感受到我的心，紛爭也會在無形中消弭，社會才會更和樂。

　　希望大家都能夠多為對方想一想，退一步海闊天空，你跟人計較，就是跟自己過不去，那對你又有什麼助益呢？

It is literally true that you can succeed best and quickest by helping others to succeed.

讓自己成功最快又最好的方式,就是幫助別人成功。

～ 美國勵志作家 拿破崙・希爾
Napoleon Hill

4-3 無所不在的學習

人生雖然有限,智慧卻是無限!在有限的歲月,去學習無限的智慧,才不枉這一生。

離開學校之後,並不代表我們就可以停止「學習」,因為「學習」沒有畢業這回事!

即使進入社會後,沒有老師盯著,也沒有考試壓力,但是我卻從沒停止過學習,因為我知道沒有人天生下來就能瞭解所有的事情,學習絕對是一條永無止境的道路。

學習是一條無止境的路,透過學習,我們更明白自己的不足,就算沒有坐在課堂,也可以學習。記著,時時學習,勤加筆記,是讓自己立足社會的不二法門。

學習，是一項只漲不跌的投資

投資都有一定的風險，但是世界上只有一種投資只漲不跌，那就是「學習」。

為什麼我們要學習呢？因為我們生活在這世界上，每天都會碰到大大小小的疑問，而所謂「學問」，就是要去學習來解決疑問的。

生活中充滿挑戰，透過學習，可以解決困難。我每天都會安排自己學習，盡可能讓自己獲得新事物。習慣成自然，當你一天沒學習，就會覺得不對勁，古人說「三日不讀書，面目可憎。」所以學習就跟運動一樣，一旦停下來，就覺得哪裡

怪怪的。

像我一早起來就會看工商日報及經濟日報，下班之後，別人安排玩樂，但是我就會參加許多的課程，去聆聽別人的專業分享。還記得以前去聽課，我都很認真隨身帶著一台錄音機，當時還是用錄音帶的年代，按下去就開始錄音，「卡」一聲跳起來就要翻面，上完課後，我就可以在開車，或是空閒的時候聽。雖然這些課程花了不少錢，但是長期下來，我也吸收了很多新的東西。

為什麼要學習？小孩子在課堂上學習基礎，即使從學校畢業了，不管你多厲害，還是要多學習。學習，是處在這個變化快速的社會，能夠讓你處於不敗的方法。唯有透過學習，學新知識、新事物，跟時代接軌，你才能夠進步，才能成長。

在幾十年前，我去上課時就提到：「未來就是科技時代，電腦是必學的知識。」因此，當時我就知道電腦、網路的重要性，所以在我的雜誌社，有一個資訊部門，讓我對網路一直有接觸。當我們業界都還沒有太多公司成立網站，我們公司就建立了網站。

我雖然沒有念國中，但我從一開始不會看報紙，到後來逐字逐句融會貫通，是因為我很愛自學。當然，一定也會遇到許多不懂辭彙，像 SOP、SWOT 這些專有名詞，我想自學的力量還是有限，於是，就去參加西北大學的認證班課程，聽久了就知道這些名詞。因為不懂才去學，遇到不懂的我會問，所以收穫很多。

> 充實自己，不論是去接觸新事物或是上課，
> 都能夠讓自己越來越豐富。

和別人聊天也有助益，尤其是專業人士，聽他們一席話，勝讀三年書，所以我喜歡交朋友，朋友真的可以帶給你很多以前從來沒有接觸過的事物，為你開一扇窗，進到另外一個世界。

錢賺了，還不一定是你的；你會拿去付帳單、付卡費，而學習到的知識在你的腦袋裡，是別人怎麼也拿不走的，而且你還可以靠你的所學，去賺更多的財富，這不是很棒嗎？

遲到的最佳解藥：幽默與誠意

　　聚餐、會議的時候，總免不了有幾個人遲到，觀察一下這些遲到的人會有什麼樣的藉口，為什麼說是「藉口」呢？因為，合情合理的叫做理由，不合乎邏輯的就稱做藉口了。

　　例如一般人在遲到的時候，或許會說：「對不起，我遲到了，因為路上塞車。」塞車似乎是個很好的藉口，只要遲到，都是說塞車，因為你沒辦法查證，但如果早點出門的話，不就可以避免了。

　　重點不是在塞車，而是遲到的人總是有千百

個藉口為自己開脫,而那些藉口都在為自己撇清關係,表示遲到是因為外來的因素,並非他自己的事。

我如果遇到這種人,對方又說塞車的話,我可能就會請對方給我看一下他的腳。為什麼要看他的腳?因為塞車的閩南語聽到來像是「踢車」,也就是把你的腳抬起來去踢車子,如果他遲到很久,表示「踢車」踢得很嚴重,不是嗎?

這雖然是玩笑話,但我想表達的是人們對於遲到這回事,肯不肯正視,以及有沒有擔起責任的肩膀,這兩點才是重點。

我參加過無數次的會,也不好說每次都能準時抵達,但如果我沒有在談好的時間抵達,我會承認自己晚到,先跟對方致歉,若是在餐廳的話,我就會拿起碗,跟對方說我到了。通常大家看到我這個舉動,都會莫名其妙,問我為什麼要拿碗?我就說我「碗到」了,此刻,大家都會哄堂大笑。

為什麼我要這麼做?這是因為「碗到」聽起來就像「晚到」,同時我也透過這個舉動,大大方方的承認自

己晚到,化解現場尷尬的氣氛,同時也致上我發自誠心的歉意。承認自己遲到,並釋出最大的誠意,同時在下次跟人見面時,警惕自己不要再犯同樣的錯誤。

承認自己的錯誤,是最好的上策,或許人家因為情誼,沒有當場撕破你的面子,究竟是真的塞車,還是不在乎約定好的時間,其實都心知肚明。一、兩次或許可以通融,久而久之,對於你這個人是否誠信,也將大打折扣。

不要小看遲到這回事,以為這只是小事,透過你的態度,以及過往經驗,人們都在為你的信用打分數。我相信這點道理,其實大家都知道,但能不能在當下坦然面對自己的錯誤,並致上真誠的歉意,才是關鍵。

我的笑話筆記

　　我不喜歡太嚴肅，平常也會用些輕鬆的對話與大家交談，或是說笑話。所以常常有人說：「老蘇『做油墨』。」（台語：很幽默）我都回答：「我不是做油墨，我是做油漆的啦！」這下更把大家逗得哈哈大笑，樂不可支。

　　通常對方笑，就代表他心情愉快，聽笑話的人如此，說笑話的人也一樣。快樂是會傳染的，快樂的人心花朵朵開，當下的性情也會祥和，所以讓大家開心，我自己也覺得很愉快。工作之餘，

也會想辦法讓大家開心一下，甚至還會做功課。

你一定很好奇，都長這麼大了，還要做什麼功課？很多人都很好奇我講笑話的功力是怎麼培養的？有人問：「奇怪，你聽那麼多笑話怎麼都記得？」還有人問：「這個機智問答我也聽過，但是我就是想不起答案，你怎麼都記得？」這就要靠「做功課」啦！

為了讓自己能夠記下來，精彩不流失，我都會將笑話記在筆記本中，這些筆記的方法就像我學英文所記的一樣，發揮創意。看過我筆記的人就知道，密密麻麻的「關鍵字」，其實就是代表一個笑話，筆記上寫著「種花」、「熊貓」……等。只要我想講笑話，但是一時想不起來，就會翻翻我的筆記本，找適當的笑話出來講。

像「種花」就是有一則機智問答。讓我考考你，什麼職業最喜歡種花？花店的人？不是。退休的人？不是。答案是「軍人」，為什麼？因為他們都要唱：「我愛中華、我愛中華。」

這些笑話或許有些無厘頭，但都能讓人發出會心的一笑。少了快樂的心，生活就變得乏味單調，不論是準

備好的笑話，或是天外飛來一筆，能讓人開心，多好！

　　這些小小的笑話平時就要做好準備，只要我聽到或看到的笑話，覺得不錯，就會立刻記錄下來，等到適當的場合就可以拿出來用，你開心、我開心，大家都開心。

　　「笑話」不僅是頭腦體操，還可以拉攏人心，製造歡樂氣氛，也可以讓人印象深刻。想要讓日子過得更有趣，多看、多聽一點笑話，可以改變心情，何樂而不為？

老蘇老師　老是愛說笑

餐桌上大家一陣靜默，為了讓氣氛輕鬆愉快，我問大家：「你們知道這些菜都是進口的嗎？」

大家都急著爭說：「這是本土產的，台灣多的是啊！」

我就請大家先嚐一下，等大家都把菜往嘴裡送時，我笑著說：「這不就是進口的嗎？」大家聽了都笑成一團，你一言我一語，熱絡的說了起來。

簡單一句話，就讓餐桌上的氛圍變得不一樣，你也試試看吧！

7+1漆佳意商法
一、由短期決戰轉為長期發展
二、由記憶經營改為記錄經營
三、由盲目銷售變為選擇銷售
四、由蜘蛛商法升為蜜蜂商法
五、從區域銷售邁向商圈整備
六、從削價競爭走向適當利潤
七、從零亂行銷投向整體行銷
八、從家族經營朝向企業經營

7+1 漆佳意商法

這套「7+1 漆佳意商法」不僅適用於傳統產業,也非常符合現代創業與企業升級的需要。建議可將此八法則貼在辦公室,每日自省對照,持續優化經營思維與行動策略。

1. 由短期決戰轉為長期發展

不再只追求眼前的業績或一次性交易,而是著眼於品牌的永續經營與顧客長期關係的建立。

2. 由記憶經營改為紀錄經營

經營不再依靠人的記憶與經驗,而是透過制度化紀錄(如系統、表單、SOP)來傳承知識、提升效率。

3. 由盲目銷售變為選擇銷售

不再廣撒網式推銷所有產品,而是根據顧客需求、目標市場選擇性地進行精準行銷。

4. 由蜘蛛商法升為蜜蜂商法

拋棄等待顧客上門(蜘蛛結網等客),轉為主動出擊、積極拓客(蜜蜂採蜜、處處奔波)。

5. 從廣域銷售邁向商圈整備

不再無差別擴展市場,而是先深耕核心商圈、整備基礎,再穩健擴張。

6. 從削價競爭走向適當利潤

避免惡性削價,而是專注於產品價值、服務品質,創造顧客願意付費的合理利潤。

7. 從零亂行銷投向整體行銷

將單點、偶發的行銷手法轉為整合性的行銷策略,包含品牌、通路、推廣的全方位佈局。

8. 從家族經營朝向企業經營

從傳統家族管理方式升級為制度化、專業化的企業管理,以提升競爭力與永續性。

Chapter 5

「色計」人生，善盡社會責任

　　人生像個調色盤，擠滿五彩繽紛的顏色，在計畫未來絢麗多彩的生活時，不忘加入一滴滴「社會責任」的水份。

The best way of learning about anything is by doing.

學習任何事情最好的方法,就是實踐。

～ 維珍集團董事長 理查布蘭森
Richard Branson

5-1 人生願景

小時候,想要趕快長大;長大後,卻想回到小時候。

小時候,快樂是件簡單的事;長大後,簡單就是快樂的事。

小時候,期待實現願望的成果;長大後,享受實現願望的過程。

人生無法回頭,如果你曾經錯過你的童年,那麼請不要錯過你的現在!

學習做自己的主人

有個故事，一名武士去請教隱居的禪師：「我想知道世上真的有地獄與天堂嗎？」這位禪師表示自己很忙，沒空跟他這樣粗俗的人談話。武士一聽馬上惱羞成怒，立即拔刀而出，想殺掉眼前這個無禮的老人。

此時禪師就對他說：「地獄之門由此而開！」武士聽了覺得自己實在太衝動，於是把刀插回，並且鞠躬道歉。此時，禪師則溫和的說道：「天堂之門由此而開！」

我們常常就像這個武士一樣，因為別人的一

句話左右了自己的判斷力,很容易受到外在環境影響而改變自己的作為,無法靜下心來想想自己該作的到底是什麼。在日常生活中還有很多的誘惑,也有很多的陷阱,但是當自己完全認清它們,就能成功的避開,千萬不要讓別人來決定自己的作為,然後再來抱怨東、埋怨西。

有一次,附近店家有商品正在促銷「買二送一」的活動,我與朋友一起經過時停下來買了一個。

店員慫恿著說:「先生,你要不要買兩個,這樣比較划算喔!」

我想了想,說道:「我買一個就好,我不需要那麼多個,多的也不知道要幹嗎?」

朋友也說:「三個一千,一個就要五百,差這麼多錢,當然是買兩個囉!」

我告訴朋友:「如果東西不用,就是浪費資源了。」

我不貪小便宜,促銷方案看似可以降低單價,但是如果買了沒有使用,反而浪費錢。如果聽了其他人的建議,買了以後沒有使用,可能會後悔當時為什麼聽他們

的話，多買了一個。

其實，現在提倡環保概念，我發現家中很多物品，狀態還很完整，可是已經沒有使用，實在很可惜。我通常會把東西寫上日期，如果過了 3 至 5 年沒有使用，就會捐出去，或是送給別人。

在選擇人生方向時也一樣，年紀越長，我就越懂得做自己，也許是有能力可以開始做自己了，其實，條條大路通羅馬，只要選擇一條自己想走的道路，不要留下遺憾就好。

別把壞情緒留給最親的家人

古聖先賢對人生的各階段,有一個非常理想的進程,就是「修身、齊家、治國、平天下」。雖然這是個很大的抱負,但我相信一個人的成功,絕不是僅侷限於事業上;家庭的圓滿和諧,也是生命中非常重要的一環;很幸運地我有一位賢內助,不僅在事業上處處協助我,還為我生了三名子女。

由於早年事業發展之時,子女正處於求學階段,因此多由妻子照顧,所幸三名子女都學有所成,對早年失學的我而言,子女成就的意義,遠

勝於自己的事業有多成功。雖然妻子教導有方，子女品格都很純良，不過，我認為在事業成功之餘，還是要追求家庭的幸福圓滿，這樣才是一個圓滿的人生。

早年因為自己事業忙碌，而減少了許多親子相處的美好時光，覺得有些遺憾，但是看到兒子與孫子感情融洽，也倍感安慰。

我記得曾經看過一句話，親子關係就像一隻鳥捉在手心，抓太緊怕窒息，鬆手怕飛掉。可能是我從小就離開父母親的羽翼，獨自在現實社會中生活，所以在子女教育方面，並不過份慣寵，我總是默默關心他們。

就像家中小庭園裡的花花草草，幾乎每天我都會澆澆水，剪剪枝葉，看看它們生長的情況，其中有一盆植物是公司二十週年慶時廠商送的，到現在也有二十多年了，依然綠意盎然，甚至慶賀的掛牌都還在樹上。名作家苦苓曾經在書中提過：「有養過動物的人，都知道動物其實聽得懂人們的話，而飼主也能夠略知動物的心聲，而植物說不定也是一樣。如果去認識、了解、關心及愛護這些生物的人，就會更相信人類和它們是可以互

相溝通的。」

我很認同這段話,而且我覺得不論是親子、寵物或是植物,只要付出關心,讓他們得到滿滿的愛意,自然會活出自我,所以我們應該學習多多關愛我們周遭的人事物,並懂得體諒他們,而不是將壓力丟到他們身上。

縱使我們長時間與家人相處,但是許多人疏於與家人溝通,漸漸的開始忽視他們,甚至發生不順心的事情就對著家人發火,這些狀況往往都會傷害自己最親的家人,對於家人的付出,別視為理所當然而忘了感恩的心,唯有懂得感謝家人的付出,並且在生活中帶給家人最大的支持,才會使家人之間的感情更美滿。

健康是人生最大財富

我個人有個座右銘:「如果無法成為助力,也絕對不要變成阻力。」在這個社會上,我覺得自己要努力達到國民生活所得平均,要不然拉低平均值,好像是拖垮別人,要別人幫忙似的。同樣的,顧好自己身體健康,不要造成社會的負擔也是這道理。

人往往為了追逐名利不顧自己的健康,往往等到失去健康,才發現名利也跟著泡沫化。想擁有健康就要常常活動筋骨,保持適度的運動能使年長者益壽延年,年輕人身體強壯。

隨著年歲增長,我越來越能體會「健康」的重要性,因為平常走動習慣了,再加上自己平常也會吃保健食品,所以並沒有太多文明病。不過,說起自己的飲食習慣,其實現在吃的真的很簡單,不必吃什麼山珍海味,也不用大魚大肉,五十元的便當也能飽餐一頓。

說到這兒,我倒有一個感想,每到用餐時間,看著師傅或工人們拿著便當吃飯,我就想「飯」這個字還真有意思,拆開來看:「不食則反」,所以假如工人辛苦工作後,中午時間沒有飯吃,自然是會造反鬧事的,但是只要有一個便當,大家也就心滿意足了,吃飽休憩一下,下午就會繼續工作。

想想我們這麼辛勤工作,不論是年薪千萬,還是月薪三萬,還不就是為了三餐,至於吃得簡單或是大魚大肉,也不用那麼斤斤計較了。其實現在生活水準提高,已經不像當年我們吃番薯稀飯的日子,所以只要不偏食,多吃些新鮮蔬果,很少有營養不足的問題。

就像王永慶平常三餐吃得很簡單,半碗飯、一個魚頭、幾片蔬菜及半條香蕉,就是一餐。他曾在演講時提

到「吃東西不一定要吃好的，粗茶淡飯也能吃得津津有味。」

現代人生活中各方面都競爭激烈，但是除了賺錢，身體也是要顧，因為健康是無價，別忘了多多聆聽自己身體的聲音，可不要因為「顧生活」而「忘了生活」。

「健康雖然不是一切，但是沒有它就失去一切。」這是我一直想要積極推廣的生活觀念。各位親愛的朋友，身心的健康比物質的擁有更加珍貴，關心自己的健康，才是留給家人最大的財富。

騎出生命的韌性 ，自行車環島之旅

2022 年，我參加了我們扶輪國際 3462 地區主辦的九天自行車環島活動。那是一趟總共有七十多位社友與夥伴參與的挑戰旅程。而我是其中年紀較長的一位。

這趟環島之行對我而言不只是體能上的挑戰，更是一次突破自我極限的生命歷程。與多數參加者不同，我騎的不是電輔車，而是一台普通的腳踏車。每天迎著風、踩著踏板，一公里一公里地前行，汗水混著陽光灑在土地上，身體雖疲憊，心卻無比充實。

很多人看到我參加這樣的活動都很驚訝。其實年紀從來不是限制夢想的藉口，只要願意嘗試、願意堅持，再遠的路也都能到達。我這個年紀都能夠完成全台環島的挑戰，相信絕大多數的年輕朋友，一定也能跨出那一步，挑戰自己，成就一段永生難忘的旅程。

環島的九天，是一段汗水與歡笑交織的回憶。那沿途的風景、隊友的鼓勵、自己戰勝疲憊的堅持，都深深烙印在我的人生地圖上。

人生就像這場騎行，沒有捷徑，每一段路都必須一步一腳印。而正因為不容易，才顯得特別珍貴。希望這段經歷，能成為讀者心中的一股力量，讓我們都不畏挑戰、勇敢前行。

讓我印象最深刻的是騎到台東附近，大家口中的「朝聖地點」——壽卡，也是台灣東部單車族最嚮往的最高點。那天，我狀況特別好，體力飽滿、精神振奮，一路挺進山頂，當下內心激動不已。當抵達壽卡的那一刻，我甚至忍不住在地標前高高跳躍，為自己的挑戰成功喝采。

那一跳，不只是慶祝，更是對自己的一種證明，年紀從來不是限制夢想的理由，只要願意嘗試、願意堅持，再高的山也能攀上、再長的路也能完成。我這個年紀都能夠挑戰成功，相信年輕的你們，一定也可以。

這次的經驗，對我而言不僅是騎過的公里數，更是一步步騎出來的人生意義。風景在改變，心境也在蛻變，那份與團隊共騎的情誼、戰勝疲憊後的感動，永遠都會烙印在我的記憶深處。

人生如騎行，不必和他人比較速度，只要勇敢踩下每一腳，總能在自己的節奏中抵達夢想的終點。

Those who bring sunshine to the lives of others cannot keep it from themselves.

那些為他人生命帶來陽光的人,自己也一定會沐浴在陽光下。

～《彼得潘》作者 詹姆斯・巴利
James Barrie

5-2 回饋社會

　　一棵種植在大地上的果樹，從土地中吸取營養，結成碩大的果實，當果實成熟之後，自然會掉落到大地上，成為其他果樹的生命養份，生生不息的循環著，帶來綠意盎然的景色。

　　「瓜熟蒂落」，這是自然界不變的定律。我認為企業就像是這棵果樹，汲取了社會的資源，也必將以最豐盛的果實回饋給社會，讓大家一起共享美好的滋味。

感恩向母親買水果的客人

　　蝴蝶感激花朵，因為花朵給了它甜蜜的滋味；花朵感激雨滴，因為雨滴使它滋潤得更美麗；雨滴感激大海，因為大海是它容身的場所；大海感激魚兒，因為魚兒讓大海更加豐富。

　　而我們面對人生四季的風景，也應該對生活心存感激。感激父母給予生命，感激朋友給予扶持，感激大自然給予恩惠，就算是一棵樹或一根草，也都值得我們懷著感恩的心去善待它們。

　　提起「感恩心」，我自小就有很深的感觸，我當學徒時，母親要走好幾公里遠的路來看我，

為了家計，她順便到台中的第二市場批發水果，頂著大太陽沿街叫賣。她那纖細的身子骨，挑著重擔、揮著汗，提著水果，無非就是希望能多掙一些錢，雖然我沒有陪同母親一起沿街叫賣，但是我可以想像這些水果如果沒有賣掉，一路上，不只肩膀的壓力會越來越沉，水果的本錢也將成為另一種無形的壓力。

母親那柔弱的肩膀能夠承擔如此重擔，是因為這重擔裡蘊含著對子女無限的愛和深深的責任。每當我想到這裡，眼淚就忍不住在眼眶裡打轉。

況且那個年代，國語並不普及，我的母親是不會講國語的，而眷村的媽媽們幾乎都不會講台語，但是母親照樣能賣水果給她們。因此，我很感謝當年來跟我母親買水果的客人，雖然我不認識他們，我也無法報答他們，但是現在我看到路邊擺攤的小攤販，我都會用一種「感恩心」去捧場購買，希望他們盡快賣完，早點回家。

從以前到現在，遇到的人太多了，每個人一句鼓勵，或是打氣的話語，都讓我感到溫馨，要感謝的人太多了，最後真的只能感謝老天，並將這份感恩的心，回饋到社會上，祝福我遇到的每一個人。

知識透過分享才有力量

我們的祖先發明了很多東西，也有很多偉大的成就，但許多都沒有留下文字記載，也沒有傳授他人，而漸漸失傳了。探究起主要的原因，就是中國人眾所皆知的文化包袱，傳男不傳女、傳內不傳外，或者在傳授弟子時都留下兩手，因此很多好招式或好東西就失傳了。

如今，我們已經進入了分享的年代，看到一篇好文章，你是否也會轉貼分享給親友？吃到好吃的餐點，你是否也會拍照分享給親友？

在網路數位時代，人們可以隨手拍照上

傳到社群網站,或是分享經驗與心情故事,隨著 Facebook、line 等等社交網路的使用,分享的效力已經無遠弗屆。為什麼傳播的速度這麼快呢?其實,知識就是要透過「分享」,讓更多人利用它來創造各種價值,才有力量。緊抱著自己的專業不放,只會讓自己的路越走越狹隘,唯有透過「分享」,才能使其壯大。

我有一個朋友陳汝聰先生,他聽了上百場的演講,也閱讀了上百本的勵志書籍,從中選取精華並佐以個人生活體驗,集結成一本小冊。這本冊子內容包羅萬象,有人生哲理、親子關係、情緒管理,應有盡有。

他說:「每次聽完一場精采的演講或閱讀一本好書,我就想到如果能分享給更多的人,那該有多好,於是就把它給摘錄下來,就這樣點點滴滴經年累月,整理成冊。現在毫無保留的分享給大家,只要能從中吸取一個觀念,相信將會改變你的一生。」

當時他送了一本給我,我看了以後發現這真是一本生活良書,不但可以獲得寶貴的智慧,也能成為心靈的糧食。我非常讚賞他這種願意分享的態度,而舉辦一些

分享的活動也一直是我的志業。我認為知識與經驗的分享，也是回饋社會的最佳方式之一。

很多人讀書都不知道為什麼要讀書，讀書之後又可以做什麼？學習到底為了誰？是老師、家長、還是自己。

現在的我還是很愛學習，我覺得學習可以幫助人，之前有人找我去聽過一些保健食品的課程，我覺得聽聽無妨，既可以吸收新知，也可以認識很多人，在我了解保健食品是怎麼對人體有益，也會買給我的家人吃。

因為我很關心我週遭人的健康，想要給他們最好的，既然有機會知道如何保養身體，為什麼不去聽呢？只要它不脫離醫學範疇、有道理，再來，並且要去驗證課程是否真假，所以會另外去學更多。

好比魚油，當醫生跟你說魚油對身體很好，你也得去查魚油為什麼對身體好？像是它可以維持心血管的健康，還可以保護視力等，你去學習了，而這些都可以分享給其他人。

早期的學習或許是為了自己，因為不認真讀書，是

個「文盲」，很難在社會上生存，所以會督促自己認真讀書，但我現在學習是為了其他人，不只家人，我覺得我去上課，不管課程再貴，我去上完之後，回來都可以幫助到更多的人。不管學的是什麼，回來不加以應用的話，就無法彰顯它的價值。

我常常報名上課，只要我有興趣，覺得可以讓我成長的就會去上。假設我今天去一堂五萬的課程，回來跟人分享的話，我就會覺得我花的錢是兩萬五，如果我再去跟第三個人分享的話，就覺得其實我只花了一萬兩千五，以此類推，當我分享越多，將課程的價值發揮到最大，就會覺得我跟周遭的人都一起受益。

換個方式，如果你去上了十萬塊的英文課，將課堂的菁華全都學起來，等到你面對社會，面對人群的時候，你什麼也不講，那就是「浪費」了。

我覺得上課的價值就在「分享」，而且很多的東西都是要聽過與經歷過，再透過分享，甚至去幫助到人，這些你所學到的東西，才會真正的留住。像是你上了一年的英文課，如果跟你交談英文的都是老師及同學，跟

你到街上找外國人交談,甚至到國外居住,英文發揮的程度肯定大不相同。

不只語文,像是醫學或人際關係,有很多課程不管是付費還是免費,上了之後就要應用,藏在口袋,就彰顯不出其價值。

更何況這些需要你分享的人,可能是你的家人或親近的好朋友,這些都是你週遭的人,我們關心,並透過學習去幫助他們,不一定是照顧他們的健康。我們學到的知識,當他們有需要時,我們都可以給予協助。抱著「助人」的心去學習,我覺得學習更加快樂,也會更積極。

人們有時候有會停止學習,覺得沒有動力了,那是還沒有看到學習的真諦,況且,我們不需要把自己變得很厲害,只要一天學到一點新東西就夠了。當有一天,你發現你所學到或是你所了解的東西,可以幫助到我們週遭的人,那種快樂是相當具有成就感的。

想要助人,不一定要捐獻或是出勞力,在可以學習的時候,像塊海綿吸收新知識,會讓你成為一個有能力

助人的人。

　　我也鼓勵大家，勇於分享自己的經驗，不論是成功或失敗的，我相信都有助於其他人學習成長。有些人或許認為自己太過平凡，又或者覺得自己不是一個很好的演講者，但是我認為「能帶給別人力量的人」，其實只需要有一顆真摯的心。

　　讓我們一起透過「分享」，讓知識創造更多價值、讓快樂溫暖更多人心吧！

國家圖書館出版品預行編目（CIP）資料

人生就是學習,學習才是人生 / 蘇文和著. -- 初版. --
[臺北市]：匠心文化創意行銷有限公司, 2025.07
　面；　公分
ISBN 978-626-99757-2-3(平裝)

1.CST: 蘇文和 2.CST: 自傳

783.3886　　　　　　　　　　　　114008375

人生就是學習 學習才是人生

作　　　者	蘇文和
圖書出版	匠心文化創意行銷有限公司
發　行　人	陳錦德
總　策　劃	郭茵娜
出版總監	柯延婷
責任編輯	郭珊伶、賴祉蓉
內文整理	渠成文化編輯群
美術設計	宛美設計工作室
作者照拍攝	林駿凱
E-mail	su.dong577@gmil.com

總代理	旭昇圖書有限公司
地　　址	新北市中和區中山路二段352號2樓
電　　話	02-2245-1480（代表號）
印　　製	上鎰數位科技印刷有限公司
定　　價	新台幣350元
初版一刷	2025年7月

版權所有。翻印必究　Printed in Taiwan

我家油漆
外牆拉皮工程及舊屋翻新服務

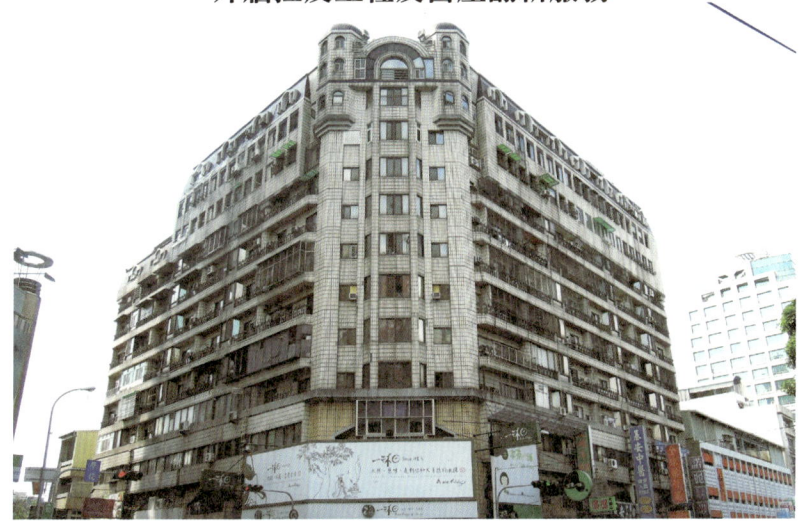

台中華盛頓社區大樓外牆施工前

台中華盛頓社區大樓外牆施工完成

台中協鴻工業廠房施工前

台中協鴻工業廠房外牆施工完成

外牆施工前（地區：大里）

外牆施工完成（地區：大里）

MY HOME 我家有限公司
MY HOME CO., LTD.

台中國家歌劇院

高雄世貿展覽館